AF554051

DÉMOCRATIE

ET

SOCIALISME

PAR

MARTINUS HOYER

PARIS

IMPRIMERIE CENTRALE DES CHEMINS DE FER

A. CHAIX ET Cie

RUE BERGÈRE 20, PRÈS DU BOULEVARD MONTMARTRE

1879

DÉMOCRATIE

ET SOCIALISME

DÉMOCRATIE

ET

SOCIALISME

PAR

MARTINUS HOYER

PARIS
IMPRIMERIE CENTRALE DES CHEMINS DE FER
A. CHAIX ET Cie
RUE BERGÈRE, 20, PRÈS DU BOULEVARD MONTMARTRE
1879

DÉMOCRATIE ET SOCIALISME

I

Dans une circulaire qui vient d'être publiée par l'illustre M. F. V., et qu'il a adressée à ses amis, il ne s'est pas limité à formuler un programme de parti. Il y expose des théories politiques et sociales, largement développées et soigneusement élaborées, s'appuyant sur des principes dont la solidité a besoin d'être scrupuleusement analysée.

C'est donc pour la presse périodique un devoir rigoureux de soumettre ces théories à une sérieuse discussion.

La presse, fille aînée de la liberté d'examen, est le champion naturel et le défenseur obligé de toutes les autres libertés publiques. Elle ne peut donc négliger et laisser passer sans une critique sévère des théories politiques dont l'adoption, probable ou simplement possible, peut avoir une influence profonde, pour le bien ou pour le mal, sur les destinées de toute la société.

Le problème politique constitue le vrai problème *social*, car il touche aux intérêts collectifs de l'association politique tout entière, il affecte l'ensemble des droits légitimes non-seulement de l'individu, mais de toute l'industrie sociale.

La divulgation d'idées politiques saines est hautement bienfaisante et digne d'applaudissements. Quand ces idées sont énoncées par un esprit supérieur, elles ont toutes les chances de réussir : elles sont comme les chefs-d'œuvre des artistes insignes qui gagnent toujours à être soumis à la critique de l'opinion.

Mais quand, au contraire, ces idées reposent sur des principes faux, elles doivent être courageusement combattues, car leur danger est en raison directe du mérite et du prestige de l'autorité qui les élabore et les propage.

Heureusement la vérité est toujours simple et claire, et l'erreur, quelle qu'en soit la source, ne résiste jamais à l'analyse philosophique. Le patronage, le prestige, et les talents de l'autorité qui soutient l'erreur, lui sont de mince valeur ; son destin fatal est de succombber tôt ou tard à la lumière de la vérité. Et le plus obscur des défenseurs de celle-ci suffit quelquefois pour éveiller l'esprit public et provoquer un débat, dont l'issue n'est pas douteuse.

Cette dernière considération amène l'auteur de cet écrit à discuter les théories politiques de M. F. V.

II

« De l'égalité de l'homme devant Dieu et la loi — par identité d'origine, nature et fin — dérive la liberté. »

De cet énoncé de M. F. V. sur la liberté je crois pouvoir déduire les conclusions suivantes:

Puisque les hommes sont *égaux* devant Dieu — et la loi, qui doit être l'expression du droit — la liberté qui en dérive *est commune à tous les hommes*. Donc, *chaque homme a droit à la liberté*, puisqu'elle « *dérive de l'identité d'origine, nature et fin.* »

En d'autres termes: la liberté constitue un droit pour chaque individu. Et vu que le droit de *tous* est identique au droit de *chacun*, il est clair qu'il ne peut y avoir privilége de liberté *pour quelques-uns*, car ce privilége se traduirait *en négation de liberté pour d'autres*. privilége *légal* veut dire *droit artificiel*, affectant et annulant des *droits naturels*. Il est donc nécessairement *illégitime*. Dès qu'il y aura *privilége*, plus d'*égalité* devant la loi.

Ces conséquences de ses prémisses sur la liberté, ne pouvaient échapper à l'esprit éclairé et perspicace de M. F. V.

Mais puisqu'il s'écarte du principe fondamental sur lequel il assied la liberté, dès qu'il a besoin de la mettre en présence de l'autorité, voyons comment il résout le problème politique :

« *De l'inégalité naturelle des facultés, leur développement et relations civiles — dérive l'autorité.* »

Ceci veut dire, il me semble, que les hommes étant inégaux en facultés physiques, morales et intellectuelles, il en résulte une *inégalité* devant la loi, c'est-à-dire devant le *droit naturel*. L'autorité revient aux plus favorisés sous le point de vue des facultés. Les plus forts sont, *par droit naturel*, les arbitres chargés de régler ou limiter aux moins favorisés, aux plus faibles, la liberté qui, d'ailleurs, « dérive de l'identité d'origine, nature et fin ! »

Si le soi-disant *droit divin* ne trouve pas dans cette théorie sa justification la plus complète, je ne sais vraiment ce que cela veut dire. Quelle a été, dans tous les temps, la *raison* de l'absolutisme? Ne serait-elle pas, en dernière analyse et sous le prétexte de prétendues *inégalités naturelles*, la force matérielle mise à la disposition de l'arbitraire et de l'intelligence? Les Richelieu, je pense, n'ont jamais été trouvés en défaut de facultés intellectuelles.

Et pourtant, le régime politique des Richelieu n'est pas précisément le régime auquel aspirent les sociétés modernes. M. F. V. — je lui rends justice — serait le dernier à le vouloir ressusciter.

Néanmoins, c'est son avis que l'autorité appartient, *par droit naturel*, aux plus favorisés sous le rapport des facultés, et la soumission aux moins favorisés! C'est la déduction logique de sa théorie de l'autorité.

Mais dans ce cas, quels *titres* de leur supériorité les privilégiés devront-ils présenter? Celle qu'ils prouveront au concours? Et, en supposant ce point-ci vidé et le privilége admis, où serait la garantie contre l'abus? Dans la résistance et la fiscalisation des moins favorisés? Non, puisqu'ils ont été condamnés par la nature à l'obéissance passive. Dans la résistance et la fiscalisation d'une partie des privilégiés? Cette partie sera-t-elle conservée en *disponibilité*, pour opposer une barrière au despotisme des privilégiés en *exercice*? Mais alors il y aura injustice pour une partie des prédestinés eux-mêmes.

Admettons pourtant cette hypothèse, comme conséquence nécessaire de ce mécanisme politique. Nous aurons ainsi, dès le début, la société fractionnée en trois groupes : deux capables de gouverner, l'un en majorité constituant le pouvoir, l'autre en minorité formant l'opposition — et la *masse* pour obéir.

Supposons maintenant que les habiles au pouvoir en abusent. Ceci est inévitable, car *c'est la condition même de leur empire*, et la soif du pouvoir n'est jamais satisfaite. Le groupe en minorité tâchera de s'opposer au despotisme de son adversaire. Il s'efforcera de l'*user*, de le décrier, de le démoraliser, afin de se constituer en majorité à son tour. Ce sera même son but principal sinon exclusif.

Voici le conflit établi : où aller chercher l'arbitre pour le résoudre *pacifiquement* ? Dans un grand électeur nommé à cet effet et à vie? Non, car ce serait dangereux : celui-ci absorberait peu à peu tout le pouvoir politique. Il se constituerait en dictateur pour éviter le désordre. Ce serait un retour à l'absolutisme plus ou moins déguisé. L'arbitre sera donc, en dernier recours, la *masse*, fractionnée à son tour en deux ou plusieurs groupes hostiles, selon le nombre de groupes des habiles qu'auront créés les ambitions politiques en ébullition visant la conquête dn pouvoir. Ainsi nous voilà arrivés, en dernier lieu, à la *masse des incapables* gouvernant de *droit* et de *fait*.

Mais les masses sont aveugles. Elles subiront infailliblement l'influence des habiles, qui seront en conflit permanent les uns avec les autres. Elles seront perverties et excitées en vue d'une mutuelle résistance. Et voilà la société en risque toujours imminent d'une guerre civile, que seuls l'arbitraire et le despotisme pourront, non pas éviter, mais *ajourner!* La voilà contrainte de liquider *périodiquement* par la violence ce que l'arbitraire, le despotisme, les manéges électoraux, la cabale, l'intrigue, la corruption et la fraude n'auront pu résoudre par la voie du *suffrage universel!*

Est-ce là ce que les peuples ont gagné jusqu'ici, après tant de sacrifices, après tant de violences, et après s'être déclarés *libres?* Est-ce là ce que réclame la civilisation, ce qu'exige la morale? N'est-ce pas purement et simplement le despotisme de *plusieurs* substitué au despotisme d'*un seul?*

Et puisque nous arrivions forcément, par l'application de la doctrine sous analyse, au résultat fatal du despotisme en doute nous surprend. C'est toujours par le doute que la vérité commence à luire à l'esprit humain.

Les nommes seraient-ils nés pour être *gouvernés politiquement*, les uns par les autres?

III

Imaginons à présent que les hommes, vivant en société, acceptent dans toute leur étendue, les prémisses de M. F. V. sur la liberté, et qu'ils en tirent les conséquences suivantes :

Puisqu'on nous déclare tous *égaux devant Dieu et la loi*, chacun de nous est décidé à garder cette égalité qui vient de la nature, en se proclamant souverain et *maître de soi-même*, Mais, pour qu'aucun de nous ne cesse d'être maître de soi-même, nous allons *tous* déléguer des pouvoirs à quelques-uns d'entre nous qui, par leur probité, leur capacité et leur intelligence, nous inspirent de la confiance, afin de garantir la souveraineté à chacun de nous, et éviter que les uns ne puissent violer la souveraineté, la liberté et les droits des autres. Et pour que ce *service social*, qui intéresse tous, et dont nous ne pouvons nous passer, soit *efficace*, chacun de nous payera une quote-part des frais qu'il occasionnera. Cette *contribution sociale*, cette *prime d'assurance*, sera librement fixée par nous-mêmes, ou par des délégués spéciaux élus à cet effet. Mais nous aurons soin d'éviter qu'elle ne dégénère en impôt (1), qui est le *tribut* hérité de l'absolutisme, et presque toujours l'injustice, la spoliation de la propriété, la guerre au capital, et le fléau de l'industrie. De même nous prendrons des mesures et des précautions afin d'empêcher que nos mandataires ne deviennent nos oppresseurs, en abusant du pouvoir que nous leur aurons confié. Dans ce but nous établirons *trois pouvoirs distincts et indépendants les uns des autres, qui seront en état de se corriger mutuellement et dont le cumul sera interdit.* Les dépositaires de ces trois pouvoirs politiques *seront directement responsables envers nous* (2), et afin d'assurer cette responsabilité, *nous abolirons tout privilége et nous ferons tous nos mandataires, sans exception, sujets au droit commun.* Enfin nous ferons leur mandat LIMITÉ, *temporaire, révocable et conditionnel* comme c'est de la nature de tout *mandat.*

Supposons maintenant, qu'en entendant cet étrange langage, les privilégiés par la nature insistent, et veuillent imposer, quand même, leur privilége aux non-privilégiés, qui leur livrerait le pouvoir? Ce ne serait pas,

(1) V. Note A à la fin, page 49.

(2) V. note B à la fin, page 54.

à coup sûr, *la grande majorité*, abdiquant *volontairement* la liberté, qui « dérive de l'identité d'origine, nature et fin. »

Hypothèse absurde ! Chimère ! Rêve d'utopiste ! Où donc a-t-on vu une société d'*hommes* se proclamant libres de droit *et de fait ?*

Eh bien, je demande la permission de dire que cette absurdité est la chose la plus simple du monde. Simple comme tout ce qui est juste et honnête. C'est la Démocratie, et celui qui la saura établir sera le plus grand homme de son siècle, il n'aura dans l'histoire et l'humanité qu'un seul rival : Washington. Et la nation qui l'adoptera la première sera la première nation du monde, car elle conquerra les autres par la liberté et pour la liberté.

Ce qui existe pour le moment, sous le nom de Démocratie, c'est *la fausse démocratie.* — C'est le *Monopole*, — c'est le *Socialisme pratiqne*, dont le *Socialisme théorique* — le monopole des monopoles — n'est qu'un simple développement logique (3).

Les sociétés marchent vers la Démocratie, lentement, c'est vrai, car elles ont de grands obstacles à vaincre. Les privilégiés par la nature profanent le don

---

(3) V. note C à la fin, page 58.

divin : ils l'appliquent à faire le mal qu'ils ne voient pas. Mais malgré tout, les sociétés marchent. La philosophie leur allumera le flambeau qui doit les guider et conduire saines et sauves à leur but.

Il y a deux grands et irrésistibles défenseurs de la vraie démocratie. Ce sont deux des sentiments les plus élevés qui ennoblissent la créature humaine. Ils croissent et s'épurent en raison directe de l'intelligence, et l'ignorance seule peut les pervertir et les égarer. L'une s'appelle PATRIOTISME : c'est la probité du citoyen envers ses concitoyens. L'autre s'appelle AMOUR DE L'HUMANITÉ. c'est la probité de l'homme envers ses semblables. Celle-là veut la *liberté*, qui est la mort de l'injustice sociale ; celle-ci veut l'extirpation de la misère, qui est le fruit amer et empoisonné de cette injustice.

Or, la vraie démocratie, *c'est l'extirpation infaillible de la misère*. Et comme nous l'avons vu, les deux puissants champions de la démocratie se résument en la PROBITÉ.

La probité, c'est la grande force, la vraie force de l'ordre moral. C'est la pierre de touche des caractères nobles. C'est ce qui fait vibrer la corde la plus sensible du cœur de l'homme, car c'est ce qui lui assure le respect et la considération de ses semblables. La probité est la garantie morale et universelle de tout le bien accessible à l'humanité, comme *l'improbité est la source de tous les maux qui l'affligent.*

Où est l'idée qui, défendue par une puissance de cet ordre, n'aie pas toutes les chances de réussir et de triompher ?

Le triomphe de la vraie démocratie ne dépend, en dernière analyse, que d'un peu de *logique* mise à la portée de l'intelligence humaine.

Le préjugé et le sophisme cachent l'erreur, et l'erreur ne résiste pas à la logique.

Or, la fausse démocratie ou le socialisme, C'EST L'IMPROBITÉ POLITIQUE, consciente ou inconsciente.

Et l'improbité qui est la logique du mal ne résiste pas à la probité qui est la logique du bien. Peut-être y aura-t-il des gens qui se résignent à être tenus pour *méchants*. Mais qui se résigne à être *convaincu d'improbité?* — Les préjugés et le sophisme n'ont pas encore réussi à fausser jusque-là les notions du bien et du mal parmi les hommes, — et il y a des idées qui, *résumées dans un seul mot*, provoquent une révolution dans l'esprit humain. Et *révolution*, dans l'ordre moral, veut dire *rétrocession du mal*, le progrès du bien s'y appelle *évolution*.....

Pourquoi donc la vraie démocratie ne règne-t-elle pas il y a longtemps sur la terre ?

La raison en est simple : les puristes, ce semble, ont oublié de *définir la liberté* d'une manière philosophique et claire. De là vient qu'elle a toujours été pour les législateurs une espèce d'énigme indéchiffrable, une alliance hybride du juste et de l'injuste, de droit et négation de droit, de bien et de mal. Parfois un ange adorable, parfois un monstre aux instincts anarchiques, toujours prêt à s'insurger contre soi-même et à dévorer ses propres entrailles. — Abandonnée à elle-même, disent-ils, la liberté devient dangereuse, il la faut donc *limiter*.

Au nom de qui, demanderai-je, au nom de qui prétend-on avoir le droit de limiter la liberté à l'homme ? En son propre nom ? Au nom de ses semblables, de ses *égaux ?*

Dès que la liberté sera clairement *définie* et universellement comprise, la sphère d'action de l'autorité sera toute tracée et déterminée. Les actes de celle-ci pourront alors être analysés et jugés par tous les citoyens à la lumière du principe de la probité, qui est le principe de la justice. Ses services pourront être contrôlés et appréciés comme toute autre espèce de service. Les notions du juste et de l'injuste, du bien et du mal, deviendront claires pour tout le monde. Chaque homme comprendra alors et enfin qu'il n'est pas venu sur la terre pour être converti en *matière imposable* ou en *machine de guerre* pour s'opprimer soi-même et ses semblables. On verra que personne au monde, qui que ce soit et quel qu'en soit le prétexte, n'a le droit *d'imposer des services négatifs* ou des services que personne ne réclame ; — que chaque homme a la responsabilité de sa propre existence, et qu'il ne peut légitimement la décharger sur d'autres ; — que les seuls moyens légitimes d'acquérir la propriété, ou d'obtenir des services sont le travail effectif et honnête, et la donation volontaire et spontanée ; — qu'enfin, ce que l'homme n'a pas le droit de faire en sa faveur, il n'a pas non plus le droit de le faire au profit des autres.....

Et que les élus de la nature ne s'effrayent pas, la place d'honneur leur est toute réservée au grand banquet de la civilisation. La liberté n'est marâtre pour personne.

Il n'y aura d'aboli qu'un seul genre *d'industrie*, qui est incompatible avec la démocratie : c'est l'exploitation de l'homme par l'homme.

Il y aura, dans l'immense et opulent laboratoire de l'industrie sociale, des éléments pour employer et développer toutes les facultés, toutes les forces physiques et intellectuelles, pour récompenser largement tous les efforts, pour satisfaire toutes les aspirations légitimes. Ces éléments croissent toujours dans une progression *géométrique* sous l'empire de la liberté, car toutes les énergies sociales convergent vers leur développement et leur reproduction. Ç'a été la grande lacune de la théorie malthusienne de n'avoir pas tenu compte de cette *progression*. Elle l'aurait fait, si elle avait commencé par *définir la liberté*, car l'homme *producteur* aurait été envisagé en face de l'homme *reproducteur*. La responsabilité humaine aurait été appréciée vis-à-vis de la liberté : l'une est incompréhensible sans l'analyse de l'autre (1).

Le *passif* de l'homme a été assez exagéré : il est temps de faire l'inventaire de son *actif*, afin de faire rentrer le passif dans ses limites naturelles. Car, si le passif contient en germe le *mal*, il a des bornes infranchissables. L'actif, au contraire, c'est-à-dire la liberté, renferme tout le *bien* dont l'homme peut être l'instrument. L'intelligence humaine ne saurait assigner des limites — car le bien est indéfini : c'est l'*ordre naturel*.

Le scepticisme, dans tous les âges, s'est ingénié à découvrir et à décrire les infirmités morales qui déshonorent le cœur humain : où les a-t-on étudiées ? Je soupçonne que les *sceptiques* nient souvent aux hommes les vertus dont ils sont capables, en leur exagérant leurs propres vices. Le vrai philosophe procède autrement : il attaque, il combat l'erreur, les préjugés, les sophismes, l'injustice, l'immoralité — mais il respecte *l'homme*. Il n'ose pas envahir et dévaster la conscience

---

(1) V. note D, à la fin, page 61.

humaine, que Dieu a faite impénétrable, inviolable et sacrée.

— Mais l'effet, dira-t-on, l'*effet* dénonce la *cause* dans les manifestations du vice, malgré l'impénétrabilité de la conscience : la perversité qui *agit* n'exige pas d'autre preuve de son existence.

Vraiment ? qui osera affirmer que la cause accessible à l'investigation du philosophe est la *cause première ?* Est-on bien sûr que cette cause n'est pas *apparente*, qu'elle n'en cache pas une autre qui absout la conscience? Il ne faut pas oublier qu'il a fallu qu'un Dieu vînt sur la terre pour proclamer, non-seulement que l'homme est *libre*, mais qu'il est susceptible d'avoir des vertus. C'est que le philosophe les possédait toutes !

Et que sont les passions humaines, en dernière analyse, sinon des forces destinées au bien et égarées par l'ignorance ou faussées par l'irresponsabilité, par l'oppression et par l'artifice des institutions civiles ? Que sont les *vices* sinon des *vertus* perverties, dégénérées ou exagérées ?

IV

L'homme est un être *responsable*, de sa nature. Ses facultés physiques et intellectuelles lui ont été accordées pour la lutte de la vie qui lui a été imposée. Pour qu'il puisse arriver à son but, remplir sa destinée, et atteindre tout le bonheur auquel il lui est permis d'aspirer sur la terre, il lui faut donner à ses facultés le plus grand développement possible. Donc, lui retrancher ou *limiter* la liberté, — qui n'est autre chose que l'*usage légitime* de ces facultés, — *c'est lui exagérer la responsabilité*. C'est le priver d'une partie de ses forces, dont il a besoin *pour s'acquitter de ses devoirs*. De toutes les spoliations, c'est donc la plus inique et la plus insensée. C'est pire que de lier quelqu'un de ses membres, car *c'est gêner ce qui les fait mouvoir* : l'intelligence !

Mais, si les facultés intellectuelles et morales de l'homme sont soumises, comme ses facultés physiques, à des *lois naturelles*, qu'il ne peut transgresser *impu-*

nément. Il possède dans sa nature physique un *critérium* qui lui en révèle l'infraction : c'est *la souffrance*, qui se manifeste par la *douleur* ou par le *malaise*. Il en possède un autre dans sa nature morale : *la conscience*, qui se manifeste par *le remords* ou par *la honte* ou *la pudeur*. L'état *de santé* de son double être physique et moral, constitue son *état naturel*. Mais cet état peut s'altérer sans qu'il s'en aperçoive : c'est quand l'infirmité qui l'affecte est *latente*. Les infirmités latentes sont précisément les plus funestes, car elles échappent à l'intelligence de l'homme. Et dès qu'elles affectent sa nature morale et qu'elles sont dérobées au *critérium* qui s'appelle la conscience, elles constituent un *virus* qui empoisonne et vicie l'*organisme social*, car il annule la dignité humaine.

Ce *virus* produit fatalement une maladie sociale qui s'appelle *parasitisme*, et le parasite social n'a pas, en général, la moindre conscience du crime dont il se rend coupable envers la société.

L'homme paresseux que la *charité officielle* a transformé en mendiant ; l'indolent ou l'inepte à qui une position artificielle ou le patronage a dévolu une *sinécure* — sont tous les deux des *parasites sociaux*, car ils vivent aux dépens du travail d'autrui. Leur dignité a été annulée par l'autorité, qui a dépassé la limite de ses attributions légitimes. Leur responsabilité a été déplacée, car elle a été mise à la charge de leurs semblables. Mais ils croient sincèrement tous deux qu'ils sont en possession *d'un droit légitime.*

La conscience humaine peut donc être faussée par des notions incorrectes du bien et du mal. Et l'*unique chose* qui peut *éclairer la conscience de l'homme, c'est justement la liberté absolue et universelle.* Elle lui fait connaître son *droit*, qui constitue le *devoir* de ses semblables envers lui; elle lui fait comprendre son *devoir* envers ceux-ci et qui constitue leur *droit*. Si par hasard sa conscience s'endort ou s'engourdit par l'excès de son égoïsme, la conscience de ses semblables — *toujours alerte quand il s'agit de leur droit — l'éveille infailliblement* : l'une réagit sur l'autre. L'égoïsme humain peut s'aveugler quand il s'agit d'être injuste envers les autres ; il ne se trompe jamais quand il s'agit de souffrir le mal. L'homme est doué d'une clairvoyance admirable — j'allais dire d'un *instinct* merveilleux — pour discerner l'injustice dont il est la victime. Mais, pour cela, il lui faut être absolument *libre,* car les autres l'étant aussi, tous seront également et absolument *responsables*.

L'homme ne peut donc acquérir une connaissance parfaite de sa propre responsabilité, qu'autant qu'il vit sous l'empire de la liberté absolue, qui affirme et garantit la responsabilité universelle. Par conséquent, *la première nécessité* de l'homme consiste dans la liberté illimitée, car c'est elle qui lui communique son instruction foncière, celle qui lui donne les notions du bien et du mal.

L'absence ou l'annulation de la liberté individuelle dans la sphère sociale y fausse l'Opinion, et celle-ci est « la reine du monde ». Il est possible que les rois viennent à disparaître de la terre — ce sera, à mon avis, moins par leur propre faute, que par celle de leurs conseillers. Mais, la reine qui s'appelle *Opinion*, y régnera toujours, despotique et souveraine, car ses titres viennent de la Nature.

L'Opinion n'est autre chose qu'une affirmation de la dignité humaine, car la soumission qu'elle impose aux hommes est le respect qu'ils s'inspirent mutuellement.

La dignité, c'est le respect de l'homme envers soi-même, se manifestant par ses actes; et *ce respect est la mesure exacte de celui que les autres lui doivent.*

L'homme est un être essentiellement *sociable*. Il n'a pas seulement besoin des *services* de ses semblables : il a besoin de leur *estime*. Il courtise même, en général, leur *admiration*. Il peut tolérer leur *haine;* leur *mépris* lui est insupportable. Celui-ci est le *châtiment;* celle-là est l'*injustice*. On ne hait pas ce que l'on méprise. L'injustice de la haine le blesse, l'irrite, le révolte et peut le *vaincre*. Le châtiment du mépris le *convainc*, le confond, l'humilie, le dégrade à ses propres yeux. Celle-là peut en faire un martyr, mais lui laisse sauve la dignité; celle-ci le rend indigne devant sa propre conscience.

L'homme, quels qu'en soient les instincts pervers, ne peut souffrir d'être mis *hors de l'humanité*. Le cynisme du vice et du crime ne hausse le front que dans une société *corrompue*, c'est-à-dire dans une société *opprimée*. Le scélérat ira descendant un à un les échelons du vice, du crime, de l'infâmie — mais toujour il cherchera, non pas un parallèle, mais quelqu'un qui l'*admire* même dans son abjection, et qui lui soit *inférieur*. Lorsqu'il sera arrivé à un degré où il cherchera vainement *un de ses semblables* qui n'aie pas *le droit de le mépriser* — il s'arrêtera épouvanté de sa propre dégradation. Il aura horreur d'une monstruosité qu'il ne verra plus reflétée, imitée ou applaudie par personne : il en perd la raison ou il meurt.....

La perversion de l'Opinion la rend donc malfaisante au lieu de la rendre bienfaisante. *C'est une loi naturelle;* et il ne faut jamais oublier que les lois naturelles, toujours destinées pour le bien de l'humanité, *châtient* ou *récompensent selon la direction qu'elles reçoivent.*

Or, cette perversion de l'opinion vient justement de la limitation de la liberté. Elle n'a jamais d'autre cause.

Elle vicie et corrompt fatalement l'atmosphère sociale où vivent et où respirent les sociétés humaines. Elle distribue les rôles dans la grande comédie qui s'appelle *vie sociale*. Elle comble l'abîme qui sépare ces deux idées : *être* et *paraître*. Elle altère les principes de la morale et du droit. Elle force les vocations des hommes qui, par elle, deviennent artificiels et superficiels. Elle les rend esclaves de la forme et des préjugés, au préjudice de la substance et de la vérité. Elle remplace la simplicité, la variété, l'originalité, l'admirable individualité humaine, qui constituent le cachet caractéristique de la nature, par la monotonie, l'uniformité et l'affectation qui dénoncent l'artifice. Elle trace la noblesse dans le sang, au lieu de la chercher dans l'âme. Elle pare de titres vains le riche infatué, et couvre de haillons le mendiant hypocrite. Elle fausse les notions de l'honneur en forçant les hommes de se haïr et s'entr'égorger, au lieu de leur inspirer la tolérance, le pardon et l'amour. Elle entoure de prestige et de considération la médiocrité et l'ostentation, et d'indifférence et d'inattention le mérite et la modestie. Elle porte aux lèvres du tribun la déclamation au lieu du raisonnement, la satire au lieu d'arguments. Elle inspire à l'écrivain des banalités qui amusent, au lieu d'idées qui constituent la nourriture de l'esprit. Elle tresse la couronne d'épines au martyr de la liberté, et la couronne de laurier à son bourreau. Elle fait du parasite une *victime du sort* ou un *personnage de mérite*, et du travailleur de la matière imposable. Elle convertit la guerre en *élément de civilisation;* — le brigandage, qui s'appelle conquête, en *gloire nationale;* — le pédant en *savant;* — le médisant en *homme d'esprit;* — le gymnaste en *génie;* — le bavard en *orateur;* — le matérialiste en *philosophe;* — le métaphysicien en *oracle;* — le tyran en *idole;* — l'oisiveté en *distinction;* — le travail matériel en *déshonneur;* — l'abus du crédit en *chances de la fortune;* — le jeu en *profession.* Elle transforme la religion en fanatisme ou en hypocrisie; — l'histoire en école du mal; — le beau en grotesque; — le sérieux en ridicule; — l'émulation en envie; — le stimulus du bien en vanité; — la dignité en orgueil; — le confortable en luxe; — le commerce en spéculation et agiotage; — l'industrie en manufacture de canons et torpilles; — les épargnes sociales en machines d'extermination; — le penseur en visionnaire; — la science en charlatanisme; — les formalités de la loi en protection à la fraude (5); — le jury en immunité du crime; — la propriété en spoliation sociale; — le capitaliste en usurier; — la frugalité en avarice.....

---

(5) V. note E, à la fin, page 63.

Le règne de la liberté n'est donc pas seulement le règne de la justice : c'est le règne de la vérité, de la franchise, du bon sens, de l'utile ; c'est le règne du *bien*, qui constitue l'*ordre naturel*. L'injustice, qui est le *mal* de l'ordre moral, n'y est qu'*accident* et *aberration*, tant que l'annulation de la liberté ne le rend pas *général* et *artificiel*. La liberté, en somme, est pour l'organisme *social* ce qu'est le sang pour l'organisme *animal* ; tout obstacle mis à la *circulation* de l'un ou de l'autre produit l'infirmité.

Et la philosophie est toujours à même, en analysant les *lois naturelles* de l'ordre physique, comme de l'ordre moral, d'en prédire les effets, avec une exactitude pour ainsi dire mathématique.

Il convient donc de faire ici une rapide analyse de l'hygiène morale des sociétés sous le règne de la liberté, qui constitue leur *état naturel*, et sous le règne de son annulation, qui constitue l'ordre *artificiel*.

Organisation naturelle : règne de la démocratie. But : justice universelle ; respect à l'*autonomie* de l'homme ; garantie complète de la personne, de la liberté et de la propriété. *Moyens :* responsabilité *effective* des fonctionnaires publics ; *limitation absolue* des pouvoirs délégués à l'autorité, afin d'en éviter les abus ; concurrence *absolue* dans toutes les industries ; abolition complète de tout monopole et privilége. *Résultats :* Règne de la justice et de la responsabilité universelles. Injustice individuelle — accident et aberration. Injustice *sociale* ou exploitation collective de l'homme — impossible. Extrême richesse pour quelques-uns et misère pour d'autres — impossible. Distribution naturelle et équitable de la richesse et de la production sociale, selon les aptitudes, les efforts et le mérite de chacun. Travail modéré et loisir pour tout le monde. Bien-être général. Instruction variée et universelle *garantie par l'intérêt de chacun.* Développement progressif et indéfini du capital social, des sciences, des arts et de l'industrie. Les vocations individuelles appliquées à leurs penchants naturels. Notions exactes du bien et du mal, du juste et de l'injuste, de l'utile et de l'inutile. Industrie sociale d'accord avec ces notions. Nivellement possible, gradué et progressif des fortunes. Le parasitisme impossible. Le luxe et l'ostentation publics et privés condamnés par la morale, par le bon sens et par le ridicule. Littérature et beaux-arts respectant et encourageant la morale, la décence et la vertu. L'économie, vertu universelle, considérée *devoir social.* La charité individuelle dans son plus grand développement. Guerres agressives et de conquête — abolies. Guerres défensives — improbables. Armées permanentes — inutiles. L'agiotage sans éléments. La *richesse* — produit du travail et de l'épargne. Législation simple, accessible à toutes les intelligences. La contribution politique et sociale une modique prime d'assurance de la personne et de la propriété. Guerres civiles — insurrections, sans cause. Révolution politique — *impossible.*

Voyons maintenant une organisation politique *artificielle.*

Règne du socialisme pratique. But : exploitation sociale; — spoliation *légalisée* de *tous* au profit de *quelques-uns. Moyens :* despotisme dissimulé sous des prétextes philanthropiques; — limitation *possible* de la liberté à la grande majorité — privilége pour quelques-uns; — le citoyen enrôlé, enregistré et numéroté par la statistique officielle; — responsabilité de l'autorité *nominale;* — irresponsabilité *de fait* du pouvoir. *Résultats :* corruption politique et sociale. Règne de l'improbité poli litique encourageant, développant et légalisant l'improbité individuelle. Absorption partielle et progressive de l'individu par l'autorité. L'homme demandant la permission de naître, de vivre, de travailler et de mourir, et sollicitant *humblement* justice. Opulence et oisiveté pour quelques privilégiés et misère pour les prolétaires. Pauvreté, labeur rude et sans relâche pour la grande majorité. Instruction *obligatoire* et uniformisée visant à la productivité et à l'exploitation de l'homme. Mendicité légalisée, annulant la dignité humaine et créant le *paupérisme.* La charité *officielle* tuant la charité *indi-*

viduelle. La prostitution élevée à la catégorie d'un métier. Infanticides et suicides. L'impôt croissant en proportion du *possible*, contrariant, tourmentant, tuant l'industrie, et provoquant la fraude. Le capital attaqué en ennemi social (6). L'économie consommée et découragée par la dissipation et par l'abus du crédit. Le théâtre et la littérature miroitant et photographiant la corruption sociale. La monnaie, *la mesure publique et la valeur*, faussées par le papier-monnaie. Les emprunts publics absorbant ce qui échappe à l'impôt (7). L'initiative individuelle nulle. L'activité et l'énergie sociales absorbées par la politique. Les classes inférieures démoralisées par les ambitions et les luttes des partis. La société divisée en partis politiques, intolérants et hostiles, se disputant le pouvoir. Chômage périodique dans les industries. Manque d'emploi pour les classes instruites et bien élevées.

Vocation des hommes torturée par les préjugés. Les *sinécures* et la *bureaucratie*. Titres marchandés par le pouvoir. La justice sociale faussée par des lois en opposition avec le droit. Législation interminable, contradictoire et inintelligible pour les citoyens. Com-

---

(6) Voyez note F à la fin, page 67.

(7) Voyez note G à la fin, page 71.

plication du service public en vue d'y augmenter les *places*. Le monopole et le privilége contrariant la concurrence. La loterie volant et pervertissant le peuple. Le parasitisme en développement progressif. Manque d'économie et contrôle impossible dans les finances publiques. Les intérêts sociaux subordonnés à l'intérêt des partis. Travaux publics dispendieux et inutiles pour justifier l'impôt et l'abus du crédit. Guerres agressives et de conquêtes pour exciter le faux patriotisme des masses. Insurrections, guerres civiles inévitables et périodiques, RÉVOLUTIONS.

A présent, le règne chimérique du *socialisme théorique. Prétextes : droit au travail, extirpation de la misère. Cause : le socialisme pratique. But :* spoliation immédiate et sommaire de la propriété de *quelques-uns* au profit de tous; exploitation *permanente des uns par les autres. Moyens :* despotisme franc et dévoilé; — annihilation absolue de la liberté individuelle; — annulation de *l'individu* par la société; — le droit *social* substitué au droit *individuel*; — absorption complète de la société par l'autorité; la direction absolue de celle-là par celle-ci; — propriété et travail en commun. *Résultats :* le chaos, l'anarchie ou l'assujettissement absolu de *tous* à la volonté de *quelques-uns* ou *d'un seul*. Le travail social *en sa totalité converti en impôt*. Anéantissement progressif et inévitable de la propriété. Le capital fuyant épouvanté. La concurrence intervertie et provoquant l'indolence. Le travail sans stimulant. L'économie nulle. Misère universelle, le règne de L'ABSURDE.

En résumé le règne de la démocratie ou le règne de la liberté individuelle absolu est pour l'organisme social ce qu'est la libre circulation d'un sang pur, sain et vigoureux pour l'organisme animal. Le règne du socialisme *pratique* ou de la *fausse démocratie* est comme la circulation d'un sang vicié ou impur, gêné dans son évolution par le traitement empirique d'un médecin ignorant. Le *socialisme théorique* serait *la mort de l'organisme social*, car ce serait comme la *stagnation* du sang dans l'organisme animal, provoqué par le traitement d'un médecin insensé, qui aurait la prétention d'*intervertir* artificiellement les lois qui en règlent la circulation.

L'ORDRE NATUREL, C'EST LA SOUMISSION ABSOLUE AUX LOIS MORALES QUI RÈGLENT LE MÉCANISME DES SOCIÉTÉS HUMAINES.

V

Les intelligences d'élite sont toujours sympathiques dans l'investigation des idées. Elles s'élèvent à l'essence des choses jusqu'où elle est accessible à la raison. Mais elles se distinguent aussi par un autre cachet qui les voile. C'est une clarté et une précision admirables dans la formule du principe fondamental qui doit régir une thèse dans son développement. C'est la probité de l'intelligence, c'est la protestation préalable et solennelle de l'inconscience de l'erreur contingente dans les déductions : leur bonne foi est ainsi, dès le début, sauve devant la critique la plus sincère.

Ainsi, M. F. V. en proposant de résoudre le problème politique, s'est trouvé tout d'abord en présence du formidable problème de l'autorité qui résume l'autre.

Et sentant qu'il lui fallait légitimer l'*autorité*, en en cherchant les fondements, il a dû poursuivre sa recherche philosophique, et il s'est trouvé en face de *la liberté*. Et derrière la liberté il a rencontré l'*homme*.

Donc, l'enchaînement naturel de ses idées fut celle-ci : l'autorité — la liberté — l'homme.

L'homme origine de la liberté — la liberté origine de l'autorité : la succession logique des idées a été rigoureusement observée.

Or, quel est le principe sur lequel repose la liberté de l'homme ? C'est *l'égalité* qui existe entre lui et ses semblables, et qui « dérive de l'identité de leur origine, nature et fin ».

Ainsi l'affirme M. F. V. dans son admirable exposition de la *liberté*.

Donc, l'origine, la *cause* de la liberté, c'est l'homme, et l'*effet* ne limite pas, n'annule pas la *cause*. De fait, l'homme peut supprimer ou limiter la liberté; la liberté ne peut supprimer ou limiter l'homme.

Poursuivant : la liberté qui est un *droit*, un attribut de l'homme, peut *péricliter*. Elle a donc besoin d'une *garantie* contre le danger qui peut la menacer ; et cette garantie, c'est l'*autorité*.

Mais comme ici l'effet ne peut non plus, logiquement, limiter la cause en ce qui lui a donné naissance, il s'ensuit que l'autorité, qui est la *conséquence* de la liberté, ne peut l'annuler ou la limiter, sous peine de perdre sa légitimité et de se transformer en une chose différente.

En d'autres termes : si la cause de l'autorité qui est la liberté, est réduite, annulée, ou limitée par l'autorité qui en dérive, elle en sera réduite proportionnellement.

Elle aura donc besoin de chercher sa légitimité — au moins en partie — dans un autre *principe*, c'est-à-dire dans un *principe contraire à l'égalité*, qui constitue la base de la liberté.

C'est ce qui est arrivé à M. F. V. Dès qu'il a cru devoir limiter la liberté à l'homme pour légitimer l'autorité, il a été contraint de s'écarter de son principe établi. Il s'est vu forcé *de faire abstraction de la liberté*, et de chercher l'origine, la cause de la liberté *dans l'inégalité.*

Mais l'erreur ici me paraît manifeste. Si l'homme n'existait pas, la liberté ne signifierait rien. Et si la liberté de l'homme n'avait pas besoin d'être garantie, on conçoit difficilement la nécessité de l'autorité. Les trois idées : homme, liberté, autorité, sont donc indissolublement liées dans le problème politique et subordonnées au principe fondamental de l'*égalité.*

Par conséquent et puisque l'*effet* ne peut légitimement nuire à la *cause,* ou renier son origine, il est clair que, de même qu'il appartient à l'homme seul de limiter sa liberté, *c'est à la liberté de limiter l'autorité.*

Ainsi *la limite de l'autorité, c'est la liberté.* L'autorité n'est donc pas la limite de la liberté — et *réciproquement* — comme le prétend M. F. V.

Ceci me paraît logique.

Et, ce qui ne me semble pas moins logique et clair, c'est : 1° que l'homme étant la source de la liberté, *tout droit revient à lui ;* 2° que, *en dehors de l'homme, il ne peut y avoir des droits autres que délégués et, par suite, limités et révocables.*

Et encore, puisque la liberté dérive de l'*égalité* de l'homme en face de ses semblables, il est évident que la sphère de la liberté est *la sphère du droit commun à tous les hommes*, où il ne peut y avoir ni antagonisme ni *illégitimité*. Par conséquent tout ce qui est *injuste*, est de sa nature *hors du droit* et partant *hors de la liberté*. Donc je dis :

La liberté, c'est la totalité des droits naturels de l'homme.

Or, il est incontestable que l'homme ne peut légitimement faire du mal à ses semblables, dont les droits sont parfaitement identiques aux siens. C'est-à-dire qu'il lui est défendu, *par droit naturel*, de pratiquer *l'injustice*. Et, ce qu'il lui est défendu de faire à ses égaux devant le droit, il est de même défendu *aux délégués sociaux* de le faire *à leurs constituants*.

Mais ces délégués sont des *hommes* et, par suite, *faillibles*. Ils tendront forcément à l'abus du pouvoir délégué, si ce pouvoir n'est pas *limité à une sphère précise et claire qu'ils ne pourront jamais franchir*.

Or, l'*unique* service social que les membres de la société ne peuvent se rendre mutuellement et en *concurrence*, soit individuellement, soit associés dans quelque but spécial ; l'unique *service qui les intéresse tous également*, *c'est celui qui assure la garantie de leurs droits naturels*. La sphère d'action de l'autorité est donc clairement indiquée et déterminée, et je dis :

La sphère d'action de l'autorité doit être EXCLUSIVEMENT LIMITÉE *à la répression de l'injustice.*

VI

Quelquefois les esprits supérieurs sommeillent. Ils ne sont pas toujours conséquents dans les déductions d'un principe établi, s'ils se trouvent en présence de préjugés qui le contrarient. Au lieu d'en faire bon marché et de les combattre résolument — ils *transigent*. Ils oublient que leur supériorité consiste justement dans la conséquence et dans l'obéissance absolue aux principes.

Et pourtant, s'ils transigent avec un principe faux, ils sont déjà à mi-chemin dans l'erreur.

Que le philosophe s'écarte de son principe fondamental, et il est irrévocablement perdu (8). Dès qu'il se sera fourvoyé, il imposera une tâche insurmontable à son intelligence, pour la démêler du labyrinthe où il l'aura égarée. C'est une vraie torture qui épuise les forces du talent le plus robuste. Vains efforts ! l'im-

(8) V. Note H à la fin, page 75.

pitoyable logique s'y oppose obstinément. La simple analyse d'une phrase, dont l'éclat et l'élégance séduisent et égarent l'esprit, suffit quelquefois : l'inconséquence et la contradiction en jaillissent de suite.

En quoi consiste la liberté que M. F. V. déclare dériver de *l'égalité?*

L'anarchie est la négation des *droits* de l'autorité et des *devoirs* de la liberté, le despotisme est la négation des *droits* de la liberté et des *devoirs* de l'autorité; l'obéissance est la *condition*, la liberté est le *but*.

La liberté constitue donc pour l'homme simultanément un *droit* et un *devoir*. Certes, la liberté constitue un droit qui *correspond* à des devoirs. Mais ici il n'y a qu'une *corrélation*.

La *liberté*, qui résume des *droits*, correspond à la *responsabilité*, qui implique des *devoirs*. Mais la liberté ne se *confond* pas avec la responsabilité, ainsi que l'autorité, qui naît de la liberté, *ne se confond pas avec le principe qui lui a donné naissance.*

En sorte que, l'homme, pour être *libre*, doit *obéir?* A qui? à l'autorité? Je croyais qu'*obéir à la force* c'était *la condition* de l'esclave. La différence entre un homme libre et un esclave me paraît celle-ci: l'homme libre obéit *à soi-même*, l'esclave *à son maître.*

Sans doute l'obéissance est la condition, la liberté est le but. Mais *la condition* et *les moyens* doivent être en harmonie avec le *but.* L'obéissance dans ce cas n'est donc pas celle de l'individu ou de la société envers l'autorité : c'est l'obéissance de l'autorité moins la liberté. La liberté, ce sont les droits *individuels*, dont l'*ensemble* constitue le *droit social, et dont la violation est un crime.*

L'obéissance de l'*individu* est envers la justice, et à celle-ci il obéit spontanément, tant qu'il ne pratique pas l'*injustice, cas unique qui peut légitimement le mettre sous la sanction de la loi.*

Dès que l'idée de la liberté a été inconsciemment faussée par un aperçu inexact de l'autorité, les déductions en sont nécessairement et logiquement fausses.

Ainsi, M. F. V. dit :

La liberté, *craignant* le despotisme, s'insurgea contre l'autorité — *elle fit l'anarchie.*

Cette proposition pèche, à mon avis, par inexactitude. La philosophie de l'histoire l'infirme. Elle énonce une erreur de fait, dont la démonstration est facile.

Dans tous les temps et partout l'autorité, abusant le pouvoir, a comprimé la liberté. Jamais *la liberté* n'a fait *l'anarchie.* La liberté, c'est le règne de *l'ordre,* du *droit.* L'anarchie, c'est le *désordre,* la *violence,* la *négation du droit.* La liberté, *faisant l'anarchie,* s'insurgerait donc contre elle-même, ce qui est inadmissible.

Effectivement la liberté, réduite au désespoir, s'insurge quelquefois contre ses oppresseurs. Mais alors elle ne s'insurge pas contre l'autorité qui constitue sa garantie : elle s'insurge contre *les abus de l'autorité*, ce qui certes est différent.

Et quand les révolutionnaires ont fait l'anarchie après s'être insurgés contre la tyrannie du pouvoir, au nom et pour l'amour de la liberté, ils sont sortis de la sphère de la liberté. *Ils ont abusé à leur tour* du pouvoir qu'ils se sont arrogés, ou qu'ils ont usurpé. Le despotisme de *quelques-uns* a provoqué le despotisme de la multitude.

C'est le mal dans son développement logique, franchissant les bornes du *possible*. C'est l'*oligarchie*, dans ses conséquences inévitables, se transformant en *démagogie*. C'est le socialisme *pratique* engendrant, naturellement, le *communisme*. C'est la *Commune de Paris*, le règne des passions humaines en délire, de l'incendie, de la rapine, de la dévastation, du crime cynique et brutal, de l'irresponsabilité universelle ; c'est l'épouvantable saturnale — représentant le *césarisme*, le coup d'État de décembre, la trahison, le parjure, l'usurpation, l'assassinat, le règne de la corruption systématique, politique et sociale. C'est le dénouement infaillible de la monstrueuse politique et des abus du pouvoir de quelques hommes rendus irresponsables par les institutions modernes, entraînés et aveuglés par l'ambition, et enivrés par la vertigineuse atmosphère du pouvoir illimité. C'est la scène finale et tragique du drame immoral qu'ils font représenter aux nations, sous prétexte d'affermir *le principe de l'autorité*, de garantir *l'ordre public*, de continuer les *traditions des gloires nationales*, et de prétendus *équilibres* — dans le but unique et réel de l'exploitation des peuples !

Cycle fatal que les sociétés, en lutte incessante et d'une lugubre monotonie sont forcés de parcourir sous l'exécrable régime de L'IRRESPONSABILITÉ DU POUVOIR !

Dans toute leur laborieuse évolution la tyrannie cynique ou déguisée, provoquant et développant la corruption politique et sociale engendrant la guerre, — la peste morale, — la misère !

Toujours et partout le despotisme suffoquant la liberté !

Quand donc les hommes qui tyrannisent les peuples s'éveilleront-ils ? Quand auront-ils la conscience de leurs crimes envers l'humanité, dont ils souillent inconsciemment et ensanglantent l'histoire ?

Dès que l'autorité est circonscrite dans les justes mites que lui assigne la liberté, elle n'en a rien à craindre. *La cause invariable* des insurrections et des révolutions politiques n'est pas *l'excès de liberté*, c'est *l'abus du pouvoir*. Et si les politiques ne le voient pas, c'est qu'ils appartiennent à la pire espèce d'aveugles.

Leur déplorable aveuglement consiste en ce qu'ils ne peuvent apercevoir *cette simple distinction.*

Puisque la société abuse de la liberté, disent les logiciens politiques, puisque ce peuple n'est pas *mûr* pour la jouissance de ce qui lui est dû en face de Dieu et de la loi, — retranchons-lui la liberté *encore davantage.* Il faut absolument *garantir l'ordre*, il faut *affermir le principe de l'autorité.*

Ils ne s'avisent jamais d'examiner si le principe de l'autorité *réside dans le principe de la liberté*, afin de voir *lequel des deux principes a besoin de s'affirmer en premier lieu !*

Mais le logicien philosophe, en face d'une insurrection ou d'une révolution politique, ne raisonne pas comme les logiciens politiques. Il dira :

Puisque le peuple s'insurge contre l'autorité qui constitue sa garantie, c'est qu'on l'exploite, c'est qu'on lui a supprimé la liberté, c'est qu'on lui annule ses droits. *Qu'on limite les pouvoirs à l'autorité, afin d'en éviter les abus, — et toute cause d'insurrection et de révolution aura disparu.*

VII

L'inégalité naturelle des facultés parmi les hommes n'a rien à démêler avec leur *liberté politique.* Celle-ci repose justement sur l'égalité « qui dérive de l'identité de leur origine, nature et fin ». Dans l'association politique et vis-à-vis de la loi commune, tous les associés, *tous les citoyens sont absolument égaux,* car la sphère de cette association c'est la sphère de *la justice sociale.*

Dans tous les temps et partout la supériorité de l'intelligence humaine affirmera sa précédence parmi les hommes : *c'est une loi naturelle.* Mais la direction des moins intelligents par les plus intelligents se règle par un principe indépendant de la politique. C'est la convention tacite ou expresse, c'est le contrat révocable et librement discuté entre les *producteurs sociaux,* respectant et appliquant les lois économiques de *la division du travail* et *des aptitudes spéciales,* naturellement et spontanément dirigées selon leur plus grande probabilité de succès.

Les membres de l'association politique n'ont nul besoin d'être mis sous tutelle ou d'être gouvernés et *administrés* par leurs *mandataires*. Voilà une vérité qu'on ne saurait trop répéter. Les sociétés, dit-on, ne peuvent se passer de l'autorité. et l'autorité c'est *le gouvernement*. Donc, les sociétés ont besoin d'être *gouvernées*, sous peine d'être victimes de l'anarchie. C'est là justement qu'est la confusion ; là est le sophisme. On confond *autorité sociale* avec *gouvernement social*. Et pourtant un abîme sépare ces deux choses :

La société a besoin de l'autorité *pour garantir la liberté et l'indépendance individuelles*. Société *libre* et société *gouvernée*, ce sont deux idées qui s'excluent réciproquement. Société gouvernée veut dire société tyrannisée, opprimée, exploitée. Société libre veut dire empire de la justice sociale, règne du droit individuel.

Dans celle-ci on évite, autant que possible, l'injustice *individuelle*. Dans celle-là règne fatalement l'injustice *sociale*, car elle provoque l'injustice individuelle, qui cesse d'être accidentelle parce qu'elle se généralise et devient artificielle sous l'égide de la loi.

Quant au gouvernement des mandataires sociaux ou des fonctionnaires publics, — *les uns par les autres et d'après leur hiérarchie*, — ce gouvernement se règle selon les mêmes principes qui président à tout autre travail collectif.

L'association *politique*, tacite ou expressément *affirmée* entre *tous* les membres responsables de la société, *pour garantir la paix, l'ordre, la sécurité, la liberté et la propriété individuelles*. L'association *communale* pour soigner l'hygiène et d'autres intérêts publics *locaux*. Partout ailleurs la CONCURRENCE, — *la liberté absolue*, — car cette liberté ne veut dire autre chose que TRAVAIL.

Et devant ce *programme* politique, la *forme* de gouvernement est question secondaire, comme en indiquent les termes eux-mêmes.

Pour la société, la question *essentielle* est ceci :

LIBERTÉ.

NOTE **A**, page 15.

Il est deux mots que les sociétés modernes auraient dû rayer ou exclure de leurs codes politiques : *l'État* et *l'Impôt.* Elles l'auraient fait si la philosophie politique avait pris la peine d'examiner ce qu'ils signifient.

En le négligeant, les sociétés ont simplement changé la *forme* de tout l'ancien échafaudage des régimes despotiques. Elles en ont conservé les *instruments* qui ne font que changer de mains. Au lieu d'*un* maître irresponsable, elles se sont donné un nombre plus ou moins grand d'autres maîtres irresponsables. La tyrannie exercée autrefois au nom d'un roi absolu, est maintenant exercée au nom d'un nouveau *souverain*, dit absolu, le *peuple.* Celui-ci en sait autant que l'autre : il croit à sa souveraineté de *droit divin* aussi sincèrement qu'y croyait son devancier. Et ce qui est étrange, c'est que le nouveau souverain croit aussi *gouverner de fait*, comme le croyait l'ancien. Toujours les habiles en ont su faire leur instrument.

L'État, où est-il? Qu'est-ce qu'il signifie? Peut-on le définir? Non; car on ne définit une entité *collective* qu'autant qu'on peut la *légitimer*.

J'admire donc ceux qui ont essayé de définir l'État, et j'admire encore davantage ceux qui croient y avoir réussi.

S'est-on jamais avisé de définir *l'Église?* Non; car l'Église est comme l'État, c'est-à-dire *indéfinissable*.

Et voilà pourquoi les deux entités se haïssent quand elles ne sont pas associées. Sitôt que l'État s'avise de se séparer de son associée, ils se querellent, ils se brouillent, ils se font une guerre acharnée. C'est que l'une ne peut *vivre* sans l'appui de l'autre. A peine réconciliés, leurs efforts changent de direction : l'une tâche de supplanter ou d'absorber l'autre. Leur absorption mutuelle n'a qu'un but, c'est de savoir lequel des deux associés aura la part la plus considérable du butin. Le butin, — c'est la société, c'est *le droit d'exploiter l'homme au nom de la loi.*

La preuve en est facile à donner. La religion et *le salut éternel des hommes* sont, pour l'Église, ce que sont pour l'État *l'autorité civile et le salut des peuples :* des prétextes. Or, la religion, si elle est susceptible d'une définition, est une *école de morale.* De même si l'autorité civile peut être définie, elle est *la garantie des droits de l'homme.*

Voilà deux définitions que l'orthodoxie la plus intransigeante ne refusera point.

Eh bien, essayez de les appliquer à l'*Église* et à l'*État*, et vous n'êtes plus dans le sens commun. Vous serez forcé d'avouer que les deux choses dont l'Église et l'État se préoccupent le moins, c'est d'enseigner la morale et de garantir les droits du citoyen.

C'est-à-dire que les deux entités se soucient médiocrement *des deux seules choses qui pourraient les légitimer !*

C'est qu'elles sont apocryphes toutes les deux : elles n'existent que de nom.

Regardez-y de près : que trouvez-vous derrière l'État et derrière l'Église ? Des hommes qui exploitent. Quoi, quelque mine ? Oui, ils exploitent une *mine*, ils exploitent leurs semblables, ils exploitent l'humanité. Ils commettent un crime abominable, mais ce qui est étrange, c'est qu'ils le commettent inconsciemment.

Ils sont sincères ; les uns croient préparer et garantir le salut des hommes au ciel; les autres croient leur préparer le bonheur sur la terre !

Et cette double croyance produit et développe l'infirmité morale qui a fait le plus de victimes dans le monde, et qui s'appelle FANATISME.

Fanatisme *religieux* et fanatisme *politique :* voilà deux jumeaux enfantés par une seule mère, *la tyrannie.*

Les hommes ne *s'associent légitimement* que pour s'entr'aider, pour travailler, pour *produire. La consommation* n'a pas besoin de *coopération.*

Toute association organisée dans un but légitime est susceptible d'une définition claire et simple. On définit, par exemple, une association littéraire, on définit une compagnie industrielle. Celle-là est organisée en vue d'instruire ou d'éclairer des hommes; celle-ci pour quelque genre de travail *effectif*. Mais ni l'une ni l'autre n'*imposent* leurs *services :* elles les *offrent*. On les accepte ou on les refuse, selon qu'on en a besoin ou non. De plus, on en discute *la valeur,* on en apprécie *la qualité.*

Est-ce qu'on est libre d'accepter ou de refuser, de discuter, d'apprécier *les services* de l'État ou de l'Église? Non, car tous les deux constituent la pire espèce de *Monopole.* Et monopole veut dire *exploitation sociale.*

Analysons maintenant l'*Impôt*. Que l'on esssaye de le définir, et l'on sera embarrassé.

Une *contribution sociale* est définissable : c'est *une prime d'assurance de la personne et de la propriété.* Nul n'y trouve la moindre illégitimité. Tout le monde comprend la nécessité de ces sortes de garanties. Mais tâchez d'appliquer la définition à l'impôt, et vous n'y êtes plus.

C'est parce que l'impôt est aussi indéfinissable que l'État, dont il est l'instrument de spoliation.

On a déclaré le problème de l'impôt insoluble, et on a dit vrai. Il n'y a pas de problème soluble dans l'ordre physique ou dans l'ordre moral, là *où les lois naturelles* sont non-seulement *négligées,* mais *contrariées à dessein.*

Si les économistes avaient pris la peine d'examiner *les lois économiques* qui agissent sur l'évolution de l'impôt, ils n'auraient jamais accepté la théorie d'Adam Smith, qu'on a déclaré non-seulement équitable, mais classique et appuyée sur la conscience humaine.

Leurs investigations auraient jeté une vive et soudaine lumière sur le problème tout entier. *La science aurait, il y a longtemps, condamné en principe et sans appel, toute espèce de monopole,* car la théorie d'Adam Smith *ne résiste pas à l'analyse économique.*

L'impôt frappant le contribuable en proportion de son revenu est simplement *impossible*. Le revenu appartient *au producteur*, et celui-ci « met toujours ses frais de production dans la facture ». *Les frais de production sont infailliblement payés par le consommateur* d'une manière directe ou indirecte. Le producteur n'obéit qu'à une seule puissance *naturelle*, plus forte que les puissances *artificielles* : LA CONCURRENCE. Et cette puissance se sert d'un instrument auquel personne ne résiste : L'ÉCHANGE.

Direct ou indirect, l'impôt grève le consommateur en proportion de sa consommation, soit immédiatement, soit médiatement. Et tout ce qu'on essayera de faire pour le détourner de son but ultérieur *ne fera qu'aggraver la charge au consommateur.*

Voilà la loi économique, c'est-à-dire *la loi naturelle.* Et les lois naturelles de l'ordre moral — on ne saurait trop le répéter — agissent *infailliblement*, mais elles châtient quand elles sont contrariées, comme elles récompensent quand elles sont obéies : c'est une loi absolue.

Ainsi, au moyen de l'échange, *l'équivalence des services s'affirme partout.* Mais il ne faut pas oublier que cette *équivalence* n'est *réelle* qu'autant que tous les membres de la société sont absolument *libres*, car alors ils sont également *responsables*, ce qui assure *l'ordre naturel* ou *économique*. Dès qu'à une organisation *naturelle* est substituée une organisation *artificielle* ; dès qu'il y aura limitation de liberté pour la majorité, se traduisant en privilége pour la minorité, il est clair que *l'équivalence* des services s'établit en faveur de ceux qui ne produisent pas, au détriment de ceux qui produisent. C'est-à-dire que dans une société organisée artificiellement, il n'y a pas seulement des services *effectifs*, il y a aussi des services *négatifs*. Et puisque la *répartition définitive* de l'impôt se fait tout de même au moyen de l'échange, on le paye « dans la facture » des services *négatifs* comme dans celle des services *effectifs*.

Ainsi, législateurs, en face de ces lois de la nature, essayez par vos ingénieuses combinaisons d'alléger le pauvre et de faire retomber sur le riche tout le poids de l'impôt. La science vous dira : Vous ne faites qu'aggraver le sort des pauvres, car *l'impôt se distribue dans l'échange des services et au moyen de la concurrence universelle, par toute la consommation sociale.* Il n'y aura que le *parasite social* qui y échappe, par cette simple raison que *d'autres payent sa consommation.* La subvention que vous accordez à un théâtre pour amuser le riche, et tant d'autres dépenses publiques inutiles, dans lesquelles vous dissipez le travail et l'économie de la société, le pauvre en paye sa quote-part dans le pain amer de l'indigence qui est l'œuvre de vos artifices !

Quand les peuples auront compris cette simple loi naturelle, qui s'affirme malgré tout, *l'impôt* sera aboli. Les financiers alors auront beau dire que « l'excellence et la *productivité* de l'impôt sont en *raison inverse du mécontement des contribuables.* » Les peuples n'examineront plus si l'impôt est *équitablement distribué.* Ils examineront scrupuleusement si la *contribution sociale* est appliquée au service *qui intéresse tous les associés politiques*, c'est-à-dire au maintien de la paix, de l'ordre et de la justice sociale.

Cette contribution ne sera alors qu'une simple *capitation* payée *par les membres responsables* de l'association politique. Et le *suffrage universel*, faisant dépendre le *vote* de l'acquittement de la contribution sociale deviendra une garantie au lieu d'être un danger.

Note B, page 15.

Il est clair que tout problème embrasse une question de *principe*, et une question de *forme*, c'est-à-dire, une question primordiale ou *capitale*, et une question secondaire ou d'*application*.

Si l'on a soin de ne rien négliger à l'égard du principe, et si celui-ci a été parfaitement établi et démontré, on est sûr de résoudre le problème au moyen d'une forme plus ou moins simple. La réussite et la simplicité des moyens ne dépendent alors que de l'expérience.

La science ne doit se préoccuper que de la question de principes. Les sciences n'ont d'autre but que la recherche, la découverte et l'exposition des principes, ou des *lois naturelles* qui concernent les branches des connaissances dont elles s'occupent respectivement.

La science ne se soucie de la *forme* que pour indiquer le principe dont l'art ne peut se dévier, sous peine d'insuccès. La forme est donc du domaine de *l'art*, et celui-ci *réussira infailliblement* s'il ne s'écarte pas du principe établi par la science, ou en d'autres termes, *s'il respecte et ne contrarie pas les lois naturelles qui régissent le problème à résoudre*.

Ainsi, dans le problème politique la question *capitale à considérer*, c'est *la question du principe fondamental sur lequel reposent toutes les lois naturelles qui le régissent.*

Ce principe fondamental, c'est la justice, et les lois qui en découlent sont : 1° *la liberté individuelle ;* 2° *la responsabilité corrélative.*

Or, la liberté individuelle, c'est la faculté absolue garantie à l'homme de faire valoir ses *droits*. Elle doit donc être *absolue*, car l'homme est le seul juge des *droits* dont il aura besoin de faire usage.

Quant à la responsabilité individuelle, il est clair qu'elle doit être absolue à son tour, c'est-à-dire *effective*. Mais l'individu ne peut être son propre juge en ce qui concerne toute la responsabilité de l'individu envers soi-même et sa responsabilité envers ses semblables. Dans celle-là personne n'a le droit d'intervenir, mais il n'en est pas de même dans celle-ci.

L'homme peut s'écarter de ses devoirs envers ses semblables, s'il n'est contraint d'être *juste*, ou, pour mieux dire, de ne pas être *injuste* envers les autres, quand il ne l'est pas spontanément. Il faut donc qu'il respecte la liberté ou les droits des autres, et, au besoin, la société a le droit de le *forcer* à le faire. Elle n'a pas le droit de le forcer *à faire le bien*, mais elle a un droit incontestable de le contraindre *à ne pas faire le mal*. Et quand il fait le *mal*, ou quand il pratique *l'injustice* qui constitue le mal *social*, elle le contraint légitimement à *réparer le mal ou l'injustice dont il se rend coupable*.

La sphère d'action de l'autorité, qui représente la société, étant ainsi clairement déterminée, *la sphère de la loi civile l'est de même*, car celle-ci n'est que la règle à laquelle celle-là est soumise, dans son attribution de réprimer l'injustice.

La loi ne peut donc forcer *l'individu à faire le bien*, elle doit le forcer *à ne pas faire le mal*. Du moment que le législateur aura la faculté de forcer l'individu *à faire* ce qu'il peut supposer convenable, bon, ou juste, il en abusera et il interviendra dans l'ordre naturel. Il est sûr alors de provoquer le *mal* qui, de simple *accident ou aberration*, deviendra *artificiel* et tendra à se *généraliser*, car *le législateur aura retranché une part de liberté à quelques membres de la société, en diminuant proportionnellement la responsabilité à d'autres*. Il fera comme le médecin qui aurait la prétention de *perfectionner l'organisme physique* d'un homme en état de santé : tout ce que celui-ci ferait dans ce but aurait pour résultat de provoquer la maladie. Les *ordonnances* du médecin sont pour les cas de désordre dans l'économie animale ; celles du législateur de même, sont *pour les cas d'infirmités morales se manifestant dans l'organisme social*.

Les sociétés modernes ont écrit dans leurs constitutions politiques à peu près ce qui suit :

« Personne ne peut être forcé à faire ou à s'abstenir de faire quelque chose sinon *en vertu d'une loi.* »

Or, cette disposition constitutionnelle qui, au premier abord, paraît juste, *contient en germe la négation du droit*, *l'irresponsabilité du pouvoir*, *le despotisme politique*, car *elle fait dépendre du législateur le droit individuel.*

Et pourtant il est évident que le *droit* n'est pas une *création de la loi*. Il existe *par soi-même* et *la loi n'y peut rien ajouter*. Elle n'existe que pour *l'affirmer*. Si elle y touche, elle ne fait que l'attaquer.

Les droits de l'homme sont *naturels*, ils lui ont été accordés par la Providence avec la responsabilité de son existence. Ils ne signifient autre chose que *l'usage légitime de toutes ses facultés*.

Il est donc manifeste que la loi n'a pas besoin de forcer l'individu *à faire quelque chose*, tant qu'il n'attaque pas la liberté des autres. Il est le seul juge *de ce qui lui convient*, dès qu'il ne fait de mal à personne, *dès qu'il ne pratique pas l'injustice*.

Aussi, la loi civile ayant pour but unique de *prévenir et corriger le mal*, et n'ayant rien à démêler avec *le bien*, il s'ensuit que *le principe fondamental* d'une *Constitution politique* est celui-ci :

Personne ne peut être forcé par la loi à s'abstenir de faire quelque chose excepté ce qui est injuste ou manifestement immoral.

Vis-à-vis de ce principe fondamental et constitutionnel, la *forme* du gouvernement n'est qu'une question secondaire. Ce qui est *essentiel* c'est que personne ne puisse être forcé par la loi *à faire* autre chose que de *s'abstenir* de faire ce qui est injuste ou immoral, car ce n'est que là que l'individu peut porter atteinte au droit et à la liberté des autres.

Et toutes les fois que le législateur promulguerait une loi en contradiction avec ce principe, les pouvoirs à qui en incomberait l'exécution ne devraient pas le faire.

Or, supposons que la société proclame ce principe et établisse *trois* pouvoirs politiques *distincts* et indépendants les uns des autres, soit, les pouvoirs législatif, — judiciaire et exécutif.

Ces pouvoirs auront la mission expresse de maintenir la Constitution, chacun dans le cercle de ses attributions respectives.

Il est évident que pas une seule loi ne pourra être exécutée, dès qu'elle sera en opposition avec le principe constitutionnel qui affirme la liberté de chaque citoyen.

Les trois pouvoirs pourront *se corriger mutuellement*, et l'abus ne sera que simple aberration, car *chaque pouvoir sera directement intéressé à défendre la Constitution*, dont *il dépend* et dont il sera, par conséquent, *jaloux*. La société sera ainsi garantie contre le despotisme. Chacun de ses membres saura parfaitement ce qui est *injuste* et qu'on n'a pas le droit de *le forcer à faire* quelque chose qui soit contraire à sa liberté absolue, c'est-à-dire à ses intérêts légitimes.

Ce qui, *dans la question de forme est de la plus haute importance* c'est que la responsabilité individuelle des fonctionnaires publics soit *effective*, et cette responsabilité ne pourra avoir lieu qu'autant que ces fonctionnaires, quelle qu'en soit la catégorie, seront *sujets au droit commun*.

Ils doivent donc être soumis comme tout autre citoyen, aux tribunaux destinés à juger les crimes et les délits, c'est-à-dire un *jury. Les tribunaux d'exception sont une source d'irresponsabilité*. Ils ne trouvent aucune justification devant le droit. Ils ont été institués en vue d'une résistance à l'absolutisme; et, en les conservant, les peuples modernes en ont fait une arme terrible contre leurs libertés. Dans une société démocratique, c'est-à-dire dans une société *libre*, ils sont un contre-sens, car les sociétés libres n'ont aucun intérêt à faire violence à leurs magistrats, au contraire. Tout homme est tenu de ne pas faire le mal aux autres, et, en général, *ceci dépend de lui*. Donc, il ne doit pas craindre la justice de ses semblables, et devant le délit ou le crime, c'est une mystification que de chercher des *pairs*, car devant le droit tout homme est le *pair* de son semblable. Et il ne faut jamais oublier que, vis-à-vis de la justice sociale il ne peut y avoir de privilége, car l'égalité des citoyens y est *absolue*.

Note C, page 16.

Le socialisme, dont les théories envahissent les sociétés, n'est qu'un simple développement de ce qui existe et règne partout, *le socialisme pratique*, plus ou moins exagéré, selon que les sociétés sont plus ou moins libres.

On ne doit donc être nullement surpris de la popularité croissante des théories socialistes, qui sont toutes à peu près les mêmes, parce qu'elles reposent sur le même principe faux. Elles sont foncièrement erronées, car elles sont contraires à la liberté individuelle, aux lois naturelles, au droit, et aux intérêts légitimes des sociétés.

Comment, en effet, serait-on surpris de l'aveuglement des classes opprimées en présence de l'aveuglement de leurs oppresseurs ? Au fond de toutes les institutions politiques modernes, dites *libres*, il y a l'injustice : on en a l'*instinct* pour ainsi dire, si l'on n'en a la conscience. Et ceux qui en souffrent, comme ceux qui font inconsciemment souffrir les peuples, veulent les uns et les autres y porter le *même remède*, un remède dont le résultat ne peut qu'être négatif, car il s'attaque aux *effets* en oubliant la *cause* du mal.

Le remède qu'appliquent ceux qui veulent défendre les sociétés, comme le remède que voudraient appliquer ceux qui aspirent à les réformer, sont identiques. La seule différence c'est que les socialistes théoriciens veulent *exagérer* les mêmes moyens que les socialistes praticiens n'osent porter trop loin. C'est-à-dire que les uns *amoindrissent* autant que possible la liberté individuelle, tandis que les autres veulent la *supprimer*.

Pour ma part, je ne comprends pas la perversité *naturelle et consciente* des hommes. Je suis donc profondément convaincu que les socialistes praticiens et les socialistes théoriciens sont, en général, de bonne foi, et qu'ils n'ont aucune idée des funestes et épouvantables conséquences de leurs systèmes.

Le mal est radical : cet ouvrage n'a d'autre but que de le démontrer. C'est dans les institutions *politiques*, c'est *dans l'irresponsabilité du pouvoir* qu'il faut le chercher, non pas dans les passions ou dans la perversité humaine.

Les hommes philanthropiques voient la misère de leurs semblables : ils voudraient la guérir. Les hommes qui gouvernent voient les sociétés marcher vers l'anarchie; ils veulent les sauver. Mais les uns et les autres se trompent, car ils rattachent le mal à des causes apparentes.

Les premiers disent : Les hommes sont-ils misérables? Secourons les pauvres et les misérables au dépens des riches. Les seconds disent : Les hommes sont-ils révolutionnaires, veulent-ils troubler l'ordre, attaquer la propriété? C'est qu'ils ont *trop de liberté* ; — étouffons donc la liberté !

Ni les uns ni les autres ne comprennent que c'est justement parce que les hommes ne sont pas libres, et parce que la propriété est attaquée, qu'il y a des misérables et des révolutionnaires !

Étrange aveuglement de l'esprit humain !

Il faut absolument retourner au point de départ — à l'homme ; il faut lui restituer ce que Dieu lui a accordé avec la responsabilité de son existence, pour porter un remède efficace aux maux qui affligent les sociétés et prévenir des maux encore plus effroyables qui les menacent.

La vraie théorie politique n'est pas le socialisme, c'est l'Individualisme. Supprimez l'individu, et vous aurez supprimé la société; comment donc osez-vous annuler la *cause* dont la société n'est que l'*effet ?* L'individu isolé ne peut faire le mal à ses semblables. *Les hommes ne doivent s'associer que pour le travail effectif et honnête,* et toute espèce de spoliation est malhonnête, quel qu'en soit le prétexte. Donc il faut que l'homme soit *absolument libre*, car ses semblables l'étant aussi, la liberté absolue de tous assure la responsabilité de chacun.

Il faut que l'autorité se limite à garantir la liberté à chaque membre de l'association politique, forçant l'individu à être juste *s'il ne l'est pas spontanément.* Mais si les dépositaires du pouvoir pourront franchir le cercle précis et limité, qui constitue la sphère de leur action légitime, l'abus sera inévitable.

Il ne faut pas oublier qu'il n'y a pas, qu'il n'y a jamais eu, qu'il n'y aura jamais *d'hommes associés*, qui n'abusent le pouvoir, s'ils peuvent le faire *impunément :* c'est dans la nature humaine. La responsabilité *collective* est *nulle ;* elle doit être individuelle pour qu'elle puisse être *effective.* Quand *tout le monde* est responsable des actes de *tout le monde*, il est inutile de chercher des *responsables*, car *personne ne l'est.*

NOTE D, page 21.

Liberté et *responsabilité* : c'est une *corrélation*, c'est-à-dire un *équilibre*. Ce sont les deux forces morales qui, équilibrées et combinées dans le même individu, assurent le plus grand résultat de cette admirable *machine* physique et morale qui est sortie des mains du créateur, et qui s'appelle *l'homme*. Dès qu'il est absolument *libre*, il est absolument *responsable*, car ses semblables le sont aussi. L'*équilibre* de la liberté de tous assure la responsabilité universelle.

Quand l'homme cesse d'être absolument libre, on lui *exagère* la responsabilité et on *annule* en même temps une part équivalente de responsabilité dans ses semblables ; car l'*équilibre*, toujours absolu dans l'ordre moral comme dans l'ordre physique, rompu dans l'individu, *va se rétablir dans un autre individu ou dans d'autres individus*. A l'équilibre *naturel*, on a substitué un équilibre *artificiel*, *et il y aura dans la société une perte de force effective équivalente à celle qui aura été employée à établir un équilibre artificiel.*

Un exemple suffit pour démontrer cette loi économique :

Voici deux hommes, dont l'un a été fait l'esclave de l'autre. En premier lieu, il y aura injustice *sociale*, car l'oppression permanente d'un individu par un autre individu ne peut s'exercer qu'au moyen de la force collective. Et voilà *une perte pour la société, car tout effort correspond à une dépense de force.* Ensuite on a retranché une part de la liberté à un individu en faveur d'un autre. Est-ce que *la liberté* du maître a été *accrue* par la *diminution* de celle de l'esclave? Non, c'est la *responsabilité* de celui-là qui a été *diminuée* en exagérant la responsabilité de celui-ci, c'est l'iniquité, et cette iniquité ne peut avoir lieu que par l'abus de l'autorité, c'est-à-dire par *l'abus de la force sociale.* Un homme isolé ne peut réduire un autre homme à l'état d'esclavage qu'en abusant de la force ou au moyen de la *ruse,* qui n'est autre chose que *l'abus de la force intellectuelle.* Or, l'autorité sociale n'a d'autre raison d'être que d'éviter ces abus, *en substituant le règne du droit à celui de la force brutale et de la ruse.*

NOTE E, page 29.

La formalité légale est indispensable *pour éviter l'arbitraire de l'autorité.* Mais elle ne doit jamais porter atteinte au droit. Elle ne doit non plus annuler ou embarrasser la justice en la rendant inaccessible à qui que ce soit et quelle que soit *la valeur matérielle en litige.* La justice intéresse tout le monde indistinctement, car l'*injustice faite à quelqu'un c'est la menace à tous.* C'est à cause de la justice que la société se constitue en association politique, c'est pour vivre et travailler en paix et pour assurer la tranquillité et la propriété à chacun de ses membres. Cette association ne constitue donc pas le *but* d'une société ; elle n'est qu'un *moyen :* c'est pour obéir au principe économique de la *division du travail,* car sans cette association chaque membre de la Société serait forcé de se défendre soi-même contre l'injustice de ses semblables.

Les tribunaux sont donc institués pour l'*arbitrage,* pour décider les différends entre les membres de la Société, enfin pour substituer au régime de l'*arbitraire* et de la *violence,* le régime du *droit, de la loi, de la justice commune.*

Or, en face de ces principes, rien de plus inique que le système partout en vigueur, de soumettre les litigants à des dépenses judiciaires, quand par hasard ils en appellent à un magistrat ou à un tribunal pour décider une cause civile. Ce *service social*, les membres de l'association politique le payent *tous* avec la contribution sociale, d'où sort ou doit sortir le salaire de chaque fonctionnaire public, quel qu'il soit. En sorte que justement quand quelques-uns des membres de l'association ont besoin de faire valoir leurs droits devant la justice sociale, on leur fait payer ce qu'ils ont déjà payé avec leur contribution ! C'est le cas d'un médecin auquel on payerait un honoraire fixe pour l'avoir en cas de maladie, et qui exigerait des émoluments *extra* quand ses services seraient réclamés !

Les résultats d'un tel système sont faciles à saisir. D'abord il n'y aura de justice que pour le riche, et ensuite quand la valeur en litige *ne vaudra pas la peine* comparée à la dépense à faire devant les tribunaux, l'*improbité sera protégée au préjudice de la probité*, car celle-ci n'aura pas recours à la justice. Et, de même, il ne faut pas oublier que les abus des fonctionnaires seront inévitables :

1° Car les litigants payent, non pas la *valeur exacte* du service qu'ils réclament, mais un *prix arbitré* par l'autorité ;

2° Car le *consommateur* de ce service n'a pas le droit d'en discuter la *qualité :* les services des fonctionnaires publics *sont soustraits à la concurrence.*

Et, tout producteur qui aura la faculté d'exiger la rémunération de ces services *en proportion d'un travail qu'il pourra exagérer à volonté,* tâchera naturellement de prolonger, de procrastiner, de compliquer, d'embarrasser ce travail. C'est un principe économique que *tout service doit pouvoir être apprécié et discuté par celu qui le paye directement.* Autrement le producteur est sûr d'abuser, car sa responsabilité n'est plus *effective.*

On objectera que, si les dépenses judiciaires étaient payées par l'autorité ; c'est-à-dire, si les frais légaux n'étaient pas payés directement par les litigants quand on a recours aux tribunaux, les procès deviendraient tellement fréquents et nombreux, que les magistrats en seraient accablés.

Je répondrai que, si une injustice, une seule, n'est pas réparée dans la société à cause de la dépense légale qu'elle entraîne, l'autorité ne s'acquitte pas de son devoir le plus sacré. Donc, cette raison, au lieu de justifier le système sous analyse le condamne, au contraire. Mais on objectera encore que les tribunaux font généralement payer les dépenses judiciaires par celui qui perd le procès.

Eh bien, je dirai que cette raison n'est guère plus fondée que la précédente :

1° Parce que celui qui perd, en le supposant dans son tort, aura pu croire sincèrement qu'il ne l'était pas, et c'est justement pour s'en assurer qu'il en appelle aux tribunaux ;

2° Parce que, si l'arrêt forçant le perdant du procès à en payer les frais est une peine ou une *punition*, elle est *insensée*. En punissant pécuniairement un membre de la société, l'autorité punit la société elle-même, puisque le *capital* de celle-ci n'est autre chose que l'ensemble des propriétés de ses membres.

Voilà ce que l'on oublie toujours : autrement il n'y aurait pas dans la législation d'un seul peuple civilisé une *peine* appelée *amende*.

La justice sociale n'a, dans aucun cas, le droit d'arracher de l'argent à personne, quel qu'en soit le prétexte. Au contraire, son devoir est de faire *restituer* la propriété à celui à qui elle appartient, quand par hasard elle lui a été dérobée.

Châtier l'homme dans sa propriété ! Mais c'est la plus inexplicable des absurdités ! Quand, où donc *la propriété* a-t-elle commis des crimes ? Si quelque membre de la société est coupable d'un délit ou d'un crime, et si celle-ci croit avoir le droit de le *punir*, qu'elle le fasse, mais qu'elle respecte la propriété, quel qu'en soit le *dépositaire*, car la propriété, je le répète, c'est le capital de la société, c'est le patrimoine commun.

Il ne faut pas croire que l'absence des dépenses judiciaires dans les procès civils en augmente le nombre. C'est l'obscurité, c'est la contradiction, c'est l'injustice, c'est la complication des lois qui en sont la principale cause. C'est que les législateurs ont toujours eu la déplorable manie de tout *réglementer*.

Si les lois étaient claires, c'est-à-dire simples et promulguées uniquement dans le but d'éviter le mal, de corriger l'injustice, de *rétablir* la justice quand elle est attaquée, tout le monde les comprendrait.

L'axiome établi par la jurisprudence que *l'ignorance de la loi ne profite à personne*, serait d'accord avec le bon sens et avec le droit. Mais tant que le droit est *artificiel*, tant qu'il aura sa source *dans l'imagination du législateur*, tant que le *droit écrit* contrarie le *droit naturel*, cet axiome ne sera qu'une amère dérision, et l'expression d'une iniquité de plus.

Quand donc les législateurs et les juristes cesseront-ils d'avoir la prétention de *corriger la Providence?*

Note F, page 33.

Le mépris avec lequel les hommes du pouvoir envisagent le CAPITAL, constitue à mon avis le témoignage le plus tranchant de leur déplorable ignorance en ce qui concerne les lois économiques. On dirait qu'ils en savent autant que ceux qui n'ont jamais ouvert un livre d'économie politique.

« Guerre au capital! » Voilà un mot insensé, un mot impie, qui retentit encore. Il a causé bien des malheurs; mais il n'a pu faire à l'humanité la millionième partie du mal que lui ont fait les gouvernements en attaquant, en *diminuant*, en dissipant partout le capital des sociétés.

Et néanmoins il y a déjà un siècle que la science a dit : N'attaquez pas le capital, respectez-le, car c'est L'ÉCONOMIE, c'est l'épargne, c'est la RICHESSE DES NATIONS!

Le capital, c'est *l'homme qui continue de travailler, de produire, d'épargner, après avoir cessé de consommer*. C'est la vraie richesse sociale, c'est la vie, c'est le bien-être des sociétés, car, sous le rapport des éléments naturels, elles sont à peu près également *riches;* c'est-à-dire que sans le capital elles seraient également *pauvres*, car elles seraient désarmées devant la matière.

En veut-on la preuve? Que l'on s'imagine le capital absolument *supprimé* dans une société quelconque, et celle-ci *isolée*. Ce serait la misère, la faim, le dénûment, la mort de millions de créatures humaines.

On a dit que la production a trois éléments : les *forces naturelles* ou la matière inexploitée, le *capital* et le *travail*. A mon avis, elle n'en a que deux : les éléments naturels *à conquérir*, et les forces naturelles *conquises*, c'est-à-dire *le capital*. L'homme n'est pas un élément dans la production, car il en est le *but*. Il est temps que la science ne fasse plus de confusion entre les *moyens* et le *but* de la production.

L'homme *travaille*, c'est vrai. Le capital est la création de son génie, de son intelligence, de sa nature essentiellement perfectible. Il en est la preuve la plus éclatante et la plus admirable. Le capital n'est rien sans l'homme, mais pas une créature humaine ne suffirait à sa propre existence sans l'aide et l'intervention du capital. C'est précisément celui-ci *qui développe sa nature morale et intellectuelle*, ce qui l'émancipe devant la matière et ce qui lui donne les moyens de la dompter. Avec lui il en fait son esclave; sans lui elle l'écraserait. C'est donc le progrès, la civilisation elle-même, c'est la charité, c'est la fraternité universelle, c'est l'aurore de l'humanité dans sa manifestation la plus sublime.

A chaque épargne bien appliquée correspond un progrès; à chaque progrès une nouvelle jouissance pour l'homme. Chaque économie, sous l'empire de la liberté, met à la charge de la matière un effort humain; transforme un service *onéreux* en service *gratuit;* allége l'homme d'un fardeau, multiplie ses forces physiques et intellectuelles, lui permet de marcher en avant, dans sa noble carrière, à la glorieuse conquête du bien!

Le CAPITAL : Ce ne sont pas seulement les instruments matériels, les outils du travail humain, les réserves, l'habitation, l'habillement, la nourriture, qui assurent la vie de l'humanité. C'est toute la richesse matérielle, intellectuelle et morale acquise par la famille humaine dès son origine. C'est l'instruction, l'expérience, la découverte des secrets de la nature qui environne l'homme et qui constitue son empire! Tout ce que l'individu est en état de produire au delà de ce qui lui assurerait à peine une existence égale à celle de la brute, n'est autre chose que le *produit du capital*. C'est l'accumulation patiente et séculaire des épargnes réalisées par des milliards de créatures humaines qui nous ont précédés sur la terre et qui ont perpétué leur prévoyance, leur intelligence, leur travail, leur amour, leurs vertus !

Et voilà ce que l'on dissipe, ce qu'on transforme en machines d'extermination !

Or, le CAPITAL, — la seule chose qui peut le *garantir* parfaitement, c'est la *liberté* individuelle et absolue, car liberté veut dire PROPRIÉTÉ. On n'attaque jamais la liberté de l'homme que pour le spolier de sa propriété. Et la propriété implique le *propriétaire*, c'est-à-dire *l'homme libre.*

Est-il donc un monstre, le propriétaire, est-il un criminel, puisqu'on s'arroge le droit de le persécuter, de le tourmenter, de le spolier ? Non — quand les sociétés vivent sous l'empire de la *liberté* et du *droit* ; — le propriétaire est un bienfaiteur de l'humanité ; il devient purement et simplement, par une admirable loi de la Providence, le *dépositaire*, le gérant d'une partie de la richesse universelle, qu'il aura créée ou que d'autres lui auront léguée. Et il en est le dépositaire et le gérant le plus sûr, le plus scrupuleux, le plus fidèle, le plus vigilant, le plus intelligent, — car son plus grand soin, son plus grand intérêt, c'est de *conserver* le dépôt, de le faire accroître, de le faire *fructifier.*

Il aura amassé sa propriété sou à sou, chaque jour, aux dépens de ses heures de loisir, anx dépens de ses jouissances. Il l'aura conquise avec le sacrifice de sa santé, au péril de sa vie. Il l'aura été chercher au sein de la terre, au fond de la mer, au milieu des tempêtes, luttant contre des sauvages ou des bêtes féroces, sous des climats inhospitaliers. Il l'aura appliquée à féconder un sol désert, sans valeur, stérile, qu'il aura couvert de fruitiers, de légumes, de fleurs, d'habitations, — pour nourrir, réjouir et abriter ses semblables. Il en comptera chaque parcelle par une goutte de sueur tombée de son front, par une fatigue de ses membres, par une veille dérobée à son repos, par une angoisse de son âme. — Il l'aura défendue avec énergie et courage, il l'aura conservée avec passion, il l'aura soignée avec amour, — car il y aura vu la garantie de son existence, le pain de sa vieillesse, le bien-être de ses vieux parents, l'avenir de ses enfants, sa dignité, le respect et la considération de ses semblables !

Et pourtant *ce ne sera qu'une partie du patrimoine universel* — car le propriétaire *n'a qu'un seul moyen* de jouir de sa propriété : *c'est de la mettre à la disposition de ses semblables*, c'est de se contenter *d'un simple salaire pour l'administrer !* Toute sa vie il aura cru ne travailler et n'épargner que pour soi-même ou pour les siens, et — sans qu'il en ait eu la moindre conscience — il a travaillé pour l'humanité, pour le progrès, pour la civilisation !

Qu'ils y songent, ceux qui ont dans leurs mains les destinées des nations. Qu'ils ne l'oublient jamais, s'ils ont une intelligence pour réfléchir et un cœur pour sentir. Qu'ils sachent, une fois pour toutes, que s'ils veulent contribuer au bonheur des sociétés s'ils en désirent le progrès, s'ils aspirent à une gloire légitime et à la reconnaissance de l'humanité, ils n'ont qu'un seul moyen d'y réussir — c'est l'ÉMANCIPATION ABSOLUE DE L'HOMME.

NOTE G, page 33.

Il est bien regrettable que la science ne se soit pas prononcée avec la plus grande énergie contre *les emprunts publics.*

Ils constituent *l'abus de crédit* par excellence et, comme tel, la science *doit les condamner péremptoirement.*

Ils absorbent et épuisent les épargnes des sociétés et les détournent de leurs voies naturelles. Ce sont les emprunts publics qui rendent *possibles* les guerres qui ont affligé les nations dans les temps modernes, et qui continuent de les menacer. Sans ces abus, ces guerres seraient *absolument impossibles*, et il y a longtemps que le monstrueux et ruineux système des armées permanentes aurait disparu.

C'est l'ignorance des sociétés en ce qui concerne les lois économiques, qui perpétue le système des emprunts publics. Elles ne savent pas que le peuple vainqueur paie les frais de la guerre comme le peuple vaincu et que, de même, ceux qui ont le bon sens ou le bonheur de se conserver neutres, n'en paient pas moins leur quote-part.

Le capital est essentiellement *cosmopolite :* il va où il trouve son intérêt. Et les nations qui ont la manie guerrière ne sont pas *difficiles* sur ce chef. Donc, il est clair que les nations ne paient qu'en apparence à elles seules leurs frais de guerre. Elles sont durement châtiées, il est vrai, par les conséquences de l'extravagance et de l'aveuglement de ceux à qui elles confient le pouvoir. Elles sont écrasées par les impôts qu'exige la rente de leurs dettes publiques. Mais elles ne comprennent pas qu'elles sont encore les victimes d'un malheur plus grand : on dissipe leur travail, leur économie, leur bien-être, leur bonheur. Et l'on ne dissipe pas seulement les économies de celles qui se laissent entraîner à la guerre : on dissipe surtout les économies de celles qui sont sages, ou qui le sont relativement. C'est-à-dire que celles qui travaillent et épargnent le plus sont les plus imposées. Telles sont les admirables lois de la solidarité humaine !

Les intérêts légitimes et réciproques des sociétés ne sont guère plus opposés les uns aux autres que les intérêts légitimes et réciproques des individus qui les composent. Dès qu'il y a échange de services *effectifs*, c'est-à-dire de services librement discutés et appréciés entre deux *producteurs* et *consommateurs*, *il y a profit pour tous les deux*, car *ils ont obtenu au meilleur marché possible les services qu'ils réclament et dont ils ont besoin*. Et dès que l'un des deux ou tous les deux *épargnent une partie de la valeur des services échangés*, *il y a profit pour tous les deux*. Car chaque économie, je le répète, appliquée d'une manière *productive*, correspond à un progrès, et chaque progrès correspond à une conquête sur les forces de la nature, transformant des services *onéreux* en *services gratuits*.

Les *Travaux publics* établis en vue de justifier la progression des impôts et les emprunts publics, ne sont que des *prétextes*. Qu'on y regarde de près, et l'on verra sans aucun doute que la valeur réelle de ces travaux ne représente pas la dix-millième partie de la valeur des titres de vente, émis par quelques États. Et de plus, ces travaux, s'ils sont utiles et s'ils étaient *nécessaires*, l'industrie privée les aurait menés à bout; et s'ils sont stériles elle les aurait évités. Voilà donc les travaux publics jugés par leur côté le plus favorable, celui de leur *utilité* et *opportunité*.

Maintenant, qu'on envisage les emprunts publics sous le point de vue *financier* proprement dit, sous le point de vue de la sécurité du placement pour l'épargne.

On a l'habitude de considérer ce placement comme très-convenable, parce qu'on le considère très-sûr. En est-il ainsi ?

Dans le placement d'une épargne on a deux choses à considérer: la *rente* et la *garantie*. Or, laissons de côté la rente, examinons la garantie des titres de dettes publiques. Où est-elle? Ces titres que représentent-ils? Je tâcherai de répondre à ces deux questions, car je suis décidé à ne jamais transiger avec l'erreur et le sophisme.

D'abord je dirai que ces titres ne représentent *rien*, car les valeurs en ont été *consommées* pour la plupart improductivement. Or, *tout titre de crédit portant un intérêt doit puiser cet intérêt dans l'exploitation du capital qu'il représente*. C'est-à-dire que cet intérêt doit être payé *par le consommateur*. Où va-t-on chercher l'intérêt payé sur les titres publics? dans la poche du consommateur, en *rétribution d'un service* équivalent? Point du tout: on va le chercher dans la poche du *producteur qui ne reçoit rien en échange!*

Quant à la garantie où est-elle? La garantie qu'on suppose exister dans la probité, dans l'intégrité, dans l'honneur d'une nation, n'existe réellement que dans la *crainte* qu'ont les hommes du pouvoir d'être privés de crédit dans l'avenir. Otez-leur cette crainte, et cherchez *le responsable* de ces titres : c'est tout le monde, — c'est-à-dire *personne*.

Les sociétés sont encore de nos jours presque toutes étrangères aux notions du *droit*, car elles sont artificiellement organisées, et elles ignorent les *lois économiques*. Mais est-on bien sûr que cette ignorance se perpétue? Dieu en garde les sociétés, car, si elles continuent, elles iront toutes, les unes après les autres, à l'abîme.

Or, est-il probable que les générations futures, qui seront certainement instruites de leurs *droits*, se résignent à porter pour toujours le lourd et presque insupportable fardeau que les générations présentes leur auront légué? Croit-on qu'elles seron disposées à payer l'extravagance de leurs aïeux? Supposons qu'elles s'avisent de faire le *bilan* de l'*actif* qu'elles reçoivent et du *passif* dont on les a fait responsables sans les consulter, est-on bien sûr qu'elles n'abandonneront pas l'*héritage* aux créanciers, *sous bénéfice d'inventaire*, en face de l'énorme disproportion entre le passif et l'actif? Pourrait-on avec justice condamner le fils qui abandonnerait aux créanciers tout l'actif de son père, quand cet actif ne représente pas le dix-millième du montant de ses dettes?

Une telle *banqueroute,* dira-t-on, n'est probable que parmi des nations qui ne se respectent pas. Moi, je demande la permission de faire observer qu'elle est *possible.*

Que l'on n'oublie pas ceci : *toutes les sociétés civilisées marchent fatalement vers la révolution.* Je crois l'avoir prouvé dans cet ouvrage. Et révolution, en politique, veut dire l'*inconnu.* L'esprit révolutionnaire les agite toutes : elles en sont comme *saturées.* Elles sont infirmes toutes, sans exception aucune, et *toute maladie, dont la cause subsiste, a son cours fatal qui aboutira à une crise.* Il n'y a que les ignorants ou les *bienheureux,* qui ne prennent pas la peine de réfléchir, qui ne sentent pas que les sociétés sont dans un état moral insoutenable et *de transition,* qui est sûr de terminer par la RÉVOLUTION.

Eh bien, que ceux qui connaissent l'histoire des peuples, voire même des temps voisins de notre époque, que ceux-là, dis-je, se souviennent, — tant qu'il n'est pas trop tard, — de ce que font les nations, dans leurs révolutions, de leurs dettes publiques. La *banqueroute* a déjà commencé parmi celles dont l'infirmité est très-avancée : il vaut la peine d'éviter qu'elle ne *continue.* Ces sortes de maladies sont extrêmement contagieuses...

NOTE **H**, page 40.

J'ai écrit ailleurs ce qui suit :

« Je ne comprends pas l'aberration des principes. Entre l'affirmation et la négation — entre la vérité et l'erreur — entre le juste et l'injuste — entre le bien et le mal, l'intelligence humaine ne saurait retracer une *transition graduelle*, une *transaction possible*, un *point d'appui quelconque;* il n'y a qu'un abîme insondable. Principes *absolus* et *opposés,* ainsi sont les lois qui en découlent. Ce sont des forces qui peuvent se *neutraliser*, se *contrarier*, ou *s'annuler réciproquement* —jamais elles ne peuvent se *confondre*. La théorie des *maux nécessaires* n'est pas philosophique : je la considère impie. L'homme n'est pas né pour le mal, au contraire, il est né pour le bien qui constitue *l'ordre naturel,* où le mal ne doit être que simple accident et aberration. Si la Providence a rendu le mal *possible* — pour stimuler le bien, qui sait ?... il faut nous incliner devant la sagesse infinie. Mais n'oublions pas que le bien et le mal ce sont deux principes absolus et contraires ainsi que les lois qui en dérivent, et que l'homme est récompensé ou puni selon le choix qu'il en saura faire ?

Certes, l'homme n'a pas toujours le choix entre le bien et le mal, car sa nature morale est faillible, et sa nature physique est vulnérable. Mais ceci n'autorise pas le philosophe à *confondre* les deux principes, et à s'écarter du principe du bien dans l'investigation des phénomènes de l'ordre moral. Au contraire, son devoir est de ne jamais s'en dévier. S'il l'oublie ou le néglige, s'il s'écarte du principe vrai et transige avec un principe faux — il est perdu, car il confondra le *bien* avec le *mal*.

Deux exemples, je crois, suffiront pour éclaircir mon idée. Un homme a eu la jambe fracturée par suite d'un accident : il faut lui amputer la jambe ou il mourra. Un insensé commet un crime : il faut le mettre en prison, ou il en commettra d'autres.

Dans les deux cas, a-t-on le choix entre le bien et le mal? Non, on n'a de choix qu'entre *deux maux* dont on choisit le moindre, voilà tout. Amputer la jambe à un homme, et priver quelqu'un de sa liberté, ce sont des maux, parfois *inévitables*, mais *qui ne changent pas de nature* pour être inévitables. Si donc l'homme n'a pas toujours l'option entre le bien et le mal, il ne s'ensuit pas qu'on doive admettre la théorie des *maux nécessaires*, car un mal ne sera jamais nécessaire *vis-à-vis du bien*, il ne sera qu'inévitable *en face d'un mal plus grand*.

Et qu'est-ce que fait l'homme dès qu'il naît jusqu'à la mort? S'il n'est pas un monstre, une aberration de la nature, fait-il jamais le mal pour le plaisir de faire le mal? Non; s'il fait le mal, il le fait en général inconsciemment, ou parce qu'il en ignore la portée. Et même quand il le pratique consciemment, c'est encore parce que, dans la fragilité de sa nature morale, il y discerne un bien, c'est-à-dire une jouissance personnelle qui lui semble un bien.

Il y a une école moderne soi-disant philosophique, qui prétend asseoir ses fondements sur cet *axiome :* « tout est relatif, — voilà le seul principe absolu. »

Ainsi, pour cette école, il n'y a rien dans l'ordre des idées qui ne soit *relatif*. La seule chose *absolue* dans l'ordre physique et dans l'ordre moral — c'est le *relatif*.

C'est étrange, mais il semble qu'on a pris cet *axiome* au sérieux. Il vaut donc la peine de le soumettre à une brève analyse, et je risquerai quelques observations qu'il m'a suggérées.

Tout est relatif : je comprends ce principe. Mais que ce soit *le seul principe absolu*, j'avoue que je m'y perds. Le philosophe a élevé son principe à une hauteur telle, que mon intelligence ne saurait le suivre; ou, si l'on veut, il l'a précipité dans un tel abîme, que mon esprit est incapable de le sonder.

Tout est relatif pour l'homme — dans l'ordre physique, parce que l'absolu dans la *grandeur* c'est l'*infini*, et dans la *petitesse* c'est l'*impondérable*. Tout est relatif — dans l'ordre moral, parce que l'absolu dans le bien est *inaccessible* à l'homme, et l'absolu dans le *mal* est *impossible*.

Donc, pas de *comparaison* possible entre l'*absolu* et le *relatif*.

Mais, est-ce que cela exclut l'idée de l'absolu dans l'ordre physique et dans l'ordre moral ?

Point du tout, cela *l'affirme*. Un *principe est une idée simple qui s'impose d'elle-même à la raison : il est toujours absolu.*

La confusion, à mon avis, vient de ce qu'on confond l'idée de *quantité* avec l'idée de *qualité*. On oublie que l'absolu concerne celle-ci, le relatif celle-là. La qualité implique une idée abstraite, simple, absolue ; la quantité implique une idée positive, complexe, relative. Celle-là est la *substance* dont celle-ci est la *forme*. Quand je dis l'*homme*, j'énonce une idée abstraite — simple — absolue ; quand je dis mille hommes, j'émets une idée positive, complexe, en même absolue et relative. Là il n'y a que la qualité, c'est-à-dire l'absolu-homme ; ici, il y a en même temps l'absolu-hommes — et le relatif mille. Ainsi, il y a des idées *absolues* ou *abstraites* qui *excluent* le *relatif* ou le *complexe;* il ne peut y avoir des idées *relatives* ou *complexes*, qui excluent l'absolu, car on ne conçoit pas comme *relation* une *quantité* qui ne s'applique pas à une *qualité* quelconque. Si j'énonce simplement, par exemple, le nombre mille, ce n'est plus une idée *relative*, c'est une idée *absolue*, car c'est une idée simple et abstraite.

Je considère de la plus haute importance, sous le point de vue philosophique, que le bien ne soit jamais *confondu* avec le mal. C'est pourquoi j'ai cru devoir faire ces observations. Je réclame la liberté *absolue* en principe. Or, la liberté étant un bien, ce que personne n'osera disputer, il est clair que, si l'on transige avec son principe contraire, qui est *l'esclavage*, on est dans le faux. Et les conséquences en seront faciles à saisir.

Mais, puisque rien n'est *absolu* pour l'école *philosophique* à laquelle j'ai fait allusion, ses adeptes ne pourront admettre la liberté *absolue*. Elle doit donc être relative, vu que, pour eux, le *relatif* a seul le privilége d'être *absolu*. L'homme, d'après leurs théories, ne peut donc qu'être libre *relativement*. De même, l'homme doit être juste, probe, vertueux — mais relativement — ainsi le veut l'école. Donc, il faut limiter la *justice*, la *probité*, la *dignité*, la *vertu*, car il n'est pas convenable de laisser la *limite* de ces qualités à la responsabilité de l'individu. Ça doit être aussi *dangereux* que de se fier à sa responsabilité pour la limite de la liberté. Le *philosophe* aura donc soin de tracer *la limite* à la justice, à la probité, à la dignité, à la vertu; le *législateur* s'incombe de fixer la *limite de la liberté*..... et tout sera, comme jusqu'ici, pour le mieux, dans le meilleur des mondes!

IMPRIMERIE CENTRALE DES CHEMINS DE FER. — A. CHAIX ET Cie,
RUE BERGÈRE, 20, A PARIS. — 828-9.

PARIS. — IMPRIMERIE CENTRALE DES CHEMINS DE FER, A. CHAIX ET Cie,
RUE BERGÈRE, 20. — 830-79.

www.ingramcontent.com/pod-product-compliance
Lightning Source LLC
LaVergne TN
LVHW020438230826
846091LV00004B/1542

* 9 7 8 2 0 1 1 7 8 1 5 0 5 *